리더라면
다윗처럼

리더라면 다윗처럼

저자 원용일

초판 1쇄 발행 2018. 8. 6.

발행처 도서출판 브니엘
발행인 권혁선

등록번호 서울 제2006-50호
등록일자 2006. 9. 11.

서울특별시 송파구 백제고분로28길 25 B101호 (05590)
마케팅부 02)421-3436
편집부 02)421-3487
팩시밀리 02)421-3438

ISBN 979-11-86092-71-2 03230

독자의견 02)421-3487
이메일 editorkhs@empal.com

북카페 주소 cafe.naver.com/penielpub.cafe
페이스북 www.facebook.com/penielbooks
인스타그램 @peniel_books

도서출판 브니엘은 독자들의 책에 관한 아이디어나 원고를 설레는 마음으로 기다리고 있습니다. 책으로 엮기를 원하는 아이디어가 있으신 분은 위의 이메일로 간단한 개요와 취지, 연락처 등을 보내주십시오. 머뭇거리지 말고 문을 두드리세요. 길이 열립니다.

도서출판 브니엘은 갓구운 빵처럼 항상 신선한 책만을 고집합니다.

리더는
다른 사람을
세워주는
소명의 자리다

리더라면
다윗처럼

원용일 | 직장사역연구소 소장

| **프롤로그** |

어느 날 늦은 저녁에 아내와 딸과 함께 집 근처의 산책로를 걷고 있었다. 다윗에 관한 이 책을 탈고하기 전이어서 아내와 딸에게 퀴즈를 내듯이 질문했다.

"한 회사에 들어간 신입사원에게 필요한 미덕이 뭐가 있을까? 두 글자로 말해봐."

아내가 냉큼 말했다.

"눈치!"

푸하하하. 딸과 나의 웃음으로 산책길이 밝아졌다.

"그럼 한참 일해야 하는 대리는 어떤 미덕으로 일할까?"

이번에도 아내는 주저하지 않는다.

"아부!"

우푸푸푸. 나는 함께 산책하는 사람들이 혹시 듣지 않을까 주위를 둘러봤다.

"그럼, 이제 진짜 어려운 건데, 리더십을 발휘해야 할 팀장은 어떤 미덕으로 일하지?"

아내가 이번에도 속사포같이 쏘아붙였다.

"로비!"

크크크크큭. 부녀의 포복절도! 너무 웃어서 운동을 그만해도 될 뻔했다. 우리 딸은 허리를 못 펼 정도였다!

"당신은 직장생활도 별로 안 해보고 어떻게 그렇게 잘 알아? 드라마를 많이 봐서 그런 거지?"

성경에 나오는 인물 중 다윗은 커리어를 잘 반영하며 상세하게 기록된 대표적 직업인이다. 다윗은 집안의 가축을 돌보던 목동이었다가(가업) 사울 왕의 악사로 발탁되어 궁궐로 출퇴근하면서 일을 시작했다(신입사원). 이후 골리앗을 죽이고 일약 이스라엘 군대의 장으로 발탁되었고(고속 승진), 사울 왕의 미움을 받아 천부장으로 강등되었다(직장의 여러 직책을 전전). 그리고 궁궐을 떠난 다윗은 그를 따르는 사람들과 함께 망명생활을 하게 되었다(팀장). 그리고 30세에 유다 지파의 왕이 되었고, 7년 반이 지난 후 이스라엘 모든 지파의 왕이 되었다. 집안의 양을 치며 사울 왕의 악사 겸 비서로 일하던 다윗이 결국 왕이 된 것이다(CEO).

이렇게 다윗이 결국 리더로 성장하게 된 커리어를 살펴보면 오늘 우리도 다윗의 리더십을 훈련할 수 있다. 신입사원 시절과 대리 시절, 그리고 팀장 시절에 필요한 리더십 덕목을 각각 세 가지씩 찾아보았다. 신입사원에게 필요한 덕목은 성실, 비전, 열정이다. 신입사원 시절에는 직장생활의 분명한 목적과 방향을 찾고 자기계발을 위해 노력해야 한다. 한참 일을 알고 열심히 하게 되는 대리 시절에 필요한 리더십 덕목은 학습, 우정, 정직이다. 본격적으로 일을 배워나가고 사람들과 관계를 형성하며 무엇보다 윤리적인 탁월함으로 평생직업의 토대를 쌓아야 할 시기이다. 본격적으로 리더십을 발휘해야 하는 팀장 시절에 필요한 리더십 덕목은 균형, 설득, 관계이다. 자신만이 아니라 팀원들의 시너지를 이끌어내고 팀의 목표를 이루어야 할 시기이다. 이런 덕목들을 중심으로 다윗의 리더십을 살펴보았다.

눈치로 신입사원 시절을 낭비하고 한참 일해야 할 대리와 과장 시절에 아부를 생존전략으로 삼으면 안 된다. 팀원들의 시너지를 창출하여 공동체를 이루어야 할 팀장 시절에 로비하는 것으로 소일하면 안 된다. 진정 하나님의 마음에 맞는 크리스천 직장인이 되기 위해서는 다윗에게 배울 수 있는 리더십 덕목들로 무장할 수 있어야 하겠다.

돌아보니 1990년 10월에 처음으로 직장 신우회 예배를 섬기면서 일주일에 한 번 이상은 직장인들을 만나 말씀을 나누었는데, 이제 곧 30년이 가까워온다. 코리아헤럴드 신문사 신우회를 시작으로 동아정공 신우회, 외교통상부 신우회, SK하이닉스반도체 신우회, 한국광해관리공단 신우회, 한국에너지공단 신우회, 애보트·애브비 신우회 등 여러 신우회 회원들과 꾸준히 말씀을 나누며 크리스천 직장인의 삶을 고민해왔다. 동양물산기업(주)와 제이에스건설(주)에서는 지금도 매주 직원들과 예배를 통해 만나고 있다.

직장생활에 대해 늘 이야기하지만 치열한 진짜 직장생활의 경험은 거의 없는 내게 자신의 직장생활에 대해 이야기해주고 고민을 나누었던 직장 신우회 모든 분께 감사한다. 실제로 일터의 삶을 사는 직업인들은 고민하느라 힘들고, 그 이야기를 적어 정리한 목사는 또 한 권의 책을 낸다. 받기만 해서 언제 되갚을 수 있을지 모르겠다. 이렇게 책을 내는 일이 그들의 직장생활에 유익이 되면 좋겠다는 바람을 가져본다. 이번에도 이 책의 출판을 위해 애써주신 도서출판 브니엘의 모든 분께 감사드린다.

이제 머지않아 신입사원으로 직장생활을 시작하여 일하게 될 우리 아이들에게도 꼭 이 책을 보여주고 싶다. 눈치, 아부, 로비가 아니라 다윗에게 배운 리더십 덕목들로 무장하여 다윗과 같은 멋진 직장인이 되기를 소망하는 아내의 마음도 함께 담아 이 땅의 모든 신입사원에게 이 책을 선물한다.

2018년 7월
글쓴이 원용일

C·O·N·T·E·N·T·S
차 례

프롤로그 _ 005

Part 1. 하나님 나라 신입사원 리더십
: 하나님의 마음에 맞는 사람 다윗

01 성실 리더십 _ 맡겨진 일에 최선을 다하는 삶의 태도 _ 015
  원하지 않는 일이라도 주께 하듯 일하라
  성실학교에 입학하여 인생수업을 시작하라
  우체부 프레드처럼 질문하면서 일하라

02 비전 리더십 _ 하나님이 주신 꿈, 꿈을 이룰 땀 _ 040
  투명한 왕관의 존재를 늘 기억하라
  비전을 이루기 위한 목표를 정하고 매진하라
  꿈을 실현하기 위한 실천에 집중하라

03 열정 리더십 _ 하나님을 향한 사랑의 용기 _ 065
  배짱 믿음으로 목숨 걸고 하나님을 사랑하라
  하나님을 사랑하는 자, 열정으로 일하라
  된다고, 할 수 있다고 말하고 행동하라

Part 2. 하나님 나라 대리 리더십
: 전심으로 하나님께 향하는 사람 다윗

04 학습 리더십 _ 자기 계발을 통한 능력의 함양 _ 093
T형 자기 계발로 전문만능인이 되라
당신의 손에 들린 수금 연습에 매진하라
어려운 상황과 위기를 통해서도 배우라

05 우정 리더십 _ 함께할 사람들을 세우기 _ 122
직장생활을 복되게 하는 우정의 유익을 만끽하라
일터를 함께 세워가는 공동체 의식을 발휘하라
일터에서 사람을 남기는 직장생활을 하라

06 정직 리더십 _ 거짓말, 거짓 행동의 유혹을 이기기 _ 147
거짓말의 치명적인 유혹에서 벗어나라
능력보다 정직으로 무장하라
마음의 완전함을 부단히 훈련하라

Part 3. 하나님 나라 팀장 리더십
: 하나님의 뜻에 순종하는 사람 다윗

07 균형 리더십 _ 직장, 가정, 교회의 트라이앵글 _ 173
어려운 일터 환경에서도 리더십을 발휘하라
아무리 바빠도 가족에 대한 의무를 포기하지 마라
힘든 상황이라도 하나님의 뜻에 순종하라

08 설득 리더십 _ 공감하며 이끌어내는 팀워크 _ 201
팀원들과 공감하여 문제를 해결하라
먼저 경청한 후 설득시켜라
매튜 선생님에게 설득의 코칭을 배우라

09 관계 리더십 _ 갈등의 해결을 위한 노력 _ 224
아비가일을 통해 크리스천답게 화내라
윗사람과 갈등을 해결하기 위해 노력하라
아랫사람에게 신앙적인 위선을 보이지 마라

P·A·R·T·1

하나님 나라
신입사원 리더십

: 하나님의 마음에 맞는 사람 다윗

01 _ 성실(sincerity) 리더십

맡겨진 일에 최선을 다하는 삶의 태도

기업에 필요한 직원들을 선발하는 기업의 면접관들은 어떤 입사 지원자들에게 후한 점수를 줄까? 능력 많고 뛰어난 사람들이 있지만, 결국 '마음에 맞는 사람'을 뽑는다고 한다. 마음이 맞아야 일이 된다. 마음이 맞지 않으면 서로 마음을 조율하느라 일을 효과적으로 못할 수도 있다. 따라서 한 기업의 '마음에 맞는 사람'이 되는 것은 입사의 기본적인 전제이기도 하고 인생의 성공 원칙이기도 하다.

취업에 성공하려면 그 회사의 마음에 맞는 사람이 되어야 한다. 물론 여기서 말하는 마음이란 회사의 대표나 면접관의 개인적인 마음이 아니다. 회사의 경영철학이고 스피릿이다. 이 스피릿에 부합해야 입사할 수 있고 그 회사에서 리더가 될 수도 있다.

다윗이 바로 그런 사람이었다. 그는 어딜 가나 마음에 드는 사람이었다. 사울 왕의 신하로 있을 때도 그랬고, 집에서 가업을 잇는 목동의 일을 할 때도 그랬다. 무엇보다 다윗은 하나님의 마음에 드는 사람이었다. 하나님 나라의 신입사원으로 그가 인생의 무대에 등장하는 장면을 봐도 분명하게 알 수 있다.

원하지 않는 일이라도 주께 하듯 일하라

사무엘 선지자가 어느 날 베들레헴에 사는 이새의 집으로 찾아왔다. 새로운 왕조를 시작하기 위해 차기 왕 후보를 위한 예비 대관식이 열릴 예정이었다. 물론 비밀 모임이었다. 하나님은 이새의 아들들 중에서 차기 왕이 있다고 말씀하셔서 사무엘은 이새의 아들들을 차례대로 선보았다. 괜찮아 보이고 멋진 아들들이 있었다. 그런데 번번이 하나님은 사무엘을 막으셨다. 일곱 명이 다 지나갔으나 왕이 될 만한 후보가 없었다. 이제 더 아들이 없느냐고 사무엘이 물으니 이새가 대답했다. "아직 막내가 남았는데 그는 양을 지키나이다"(삼상 16:11).

여기서 '막내'라는 단어는 순번이 마지막이라는 뜻만이 아니라 가장 낮고 대수롭지 않다는 뜻을 담고 있다. 그 당시 집안의 양떼를 돌보는 책임이 바로 막내아들에게 주어졌다. 그런데 이상한 점이 있다. 만약 그렇게 양을 지키는 일을 막내가 책임지고 있더라도 왕 후보를 아들들 중에서 찾는 중요한 일이 있다면 조치를 취했어야 하지 않았을까? 아버지 이새는 양들을 잠시 종이나 고용 목자들에게 맡기고 막내아들 다윗도 불러서 사무엘 선지자 앞에 세울 수 있었을 것이다. 나중에 다윗이 사울 왕의 악사 겸 비서가 되었을 때 다윗은 그런 방식으로 출근할 때는 양 지키는 자에게 맡기고 출근했다(삼상 17:15, 20). 그런데 그날 아버지 이새는 막내아들 다윗을 부르지 않았다. 별로 기대가 없었기 때문일까?

가족 모임에도 끼지 못하는 신세, 그렇게 다윗은 '소외'의 풀밭을 거닐며 아버지의 관심과 사랑이 미치지 못하는 막내의 설움을 겪고 있었다. 홀로 들판에서 양의 배설물과 함께 뒹굴며 양털과 먼지 섞인 음식을 먹으며 하루하루를 보내고 있었다. 아무도 알아주지 않았다. 열심히 일해도 별로 표도 나지 않았을 것이다.

그 중요한 자리에 참석도 못했던 것을 나중에 다윗이 알았다면 얼마나 서운했을까? 다윗이 배제된 이유를 한번 상상해보자. 우선 다윗은 여덟 명의 형제들 중 막내여서 배제되었을까, 아니면 아직 어렸기 때문일까? 형들이 일곱 명이나 있으니 그들 중에서나 왕 후보를 기대하지, 다윗과 같은 어린 아이한테는 왕위를 기대할 수 없다는 뜻이었을까?

그러나 다윗은 자신이 잔치 자리에 초대받지 못한 것을 알았을 때 주저앉아 눈물을 흘리고만 있지 않았을 것이다. 다윗은 스스로를 다독거리면서 이렇게 생각했을 것이다. '나는 아직 막내라서 이번의 왕 후보에는 들지도 못했다. 내 형들은 다 후보라도 나만 후보가 아니다. 그러나 나는 아직 어리니 앞으로 얼마든지 기회가 있지 않은가? 나는 다가올 시대의 주인이다!'

다윗은 그때 홀로 들에서 집안의 양들을 돌보는 일을 하고 있었다. 너는 왕 후보에 끼지도 못할 테니 일이나 하라는 뜻이었을까? 누군가 양을 돌봐야 하기에 그 책임을 맡은 것인데, 서운하긴 하지만 애써 이렇게 생각하지 않았을까? '그래, 나 혼자 일하고 있지만 이 일의 책임자는 바로 나다! 난 일이나 하는 사람이 아니다. 나는 나만 할 수 있는 일을 하는 사람이다! 내가 없으면 우리 집 양치는 일은 끝장이다. 내가 바로 최후의 보루다!'

그런데 이건 해도 너무한다. 자칫하면 다윗은 식사 자리에도 참석하지 못할 뻔했다. 사무엘 선지자와 함께 형들은 모두 식사를 했을 것이다. 적어도 밥 먹을 때는 불러야 하지 않는가? 나중에 알아차린 다윗은 몹시 서운했을 것이다. 밥 먹을 때 빠지면

서러운 것, 겪어보지 않은 사람은 잘 모른다. 그러나 이런 사실을 알았을 때도 다윗은 이렇게 생각하지 않았을까? '나중에 편하게 먹으면 되지 뭐! 형들은 사무엘 선지자님 앞에서 아마 먹고 싶은 것도 제대로 못 먹었을 거야. 떨려서 말이지. 나는 허리띠 풀어 놓고 남은 음식 실컷 먹어야지! 그러니 함께 식사하지 못했더라도 너무 심난해 하지 말자.'

오늘 어렵고 불리하고 쉽지 않은 환경만 바라보고 눈물짓거나 부정적인 사고의 늪에 빠져 있으면 안 된다. "나는 안 돼! 다 포기해야 해." 그렇게 말하면 정말 안 된다. 쉽지 않지만 눈 한 번 질끈 감고 "나는 된다. 안 될 이유가 없다. 내가 되게 하자. 애써 긍정적으로 생각하자." 이렇게 말하고 의도적으로 노력해야 한다. 말이 그 사람의 전부는 아니다. 그러나 그 사람이 한 말은 그 사람의 생각을 그대로 보여주는 거울이기에 애써서 의도적으로 긍정적인 생각을 하고 그것을 말해야 한다.

그렇게 중요한 자리에 부름받지도 못한 다윗이었지만 다윗은 이미 준비된 사람이었다는 사실이 중요하다. 다윗의 일곱 형들이 차례로 사무엘의 앞을 지나갔으나 형들 중에 하나가 차기 왕으로 기름부음 받은 것이 아니었다. 일곱 번을 투표했어도 당선자를 내지 못한 맥 빠진 선거현장에 새로운 입후보자로 다윗이 초대받았다. 애초에 그 자리에는 초대도 받지 못한 소년 다윗이 결국 차기 왕으로 기름부음을 받았다. 아무도 생각 못한 반전이었고 역전 드라마였다!

물론 이때 다윗이 왕으로 기름부음을 받았다고 해서 곧바로 왕으로 등극한 것은 아니었다. 하지만 가만히 살펴보면 다윗은 왕으로 기름부음을 받을 만큼 준비되어 있었다. 그것이 바로 그에게 주어진 의무를 다하면서 최선을 다하는 삶을 살았던 것으로 입증된다. 사실상 다윗은 자기가 원하던 일을 하지 못했던 것이 틀림없다. 가업인 목축을 어린 시절부터 줄곧 맡아서 해야 했다. 감수성이 뛰어나고 정서적인 다윗의 성격으로 볼 때 육체노동을 해야 하는 목자의 일이 적성에 맞지 않을 수도 있었다. 그러나 다윗은 자신에게 맡겨진 목동의 일에 대해 잘 준비하며 최선을 다했다.

그렇다면 과연 무엇을 준비했는가? 들에서 양들을 지키다 보니 덤벼드는 맹수들과 싸워야 했고, 그 싸움에서 이길 수 있는 기술을 연마했다. 물맷돌 던지기가 대표적인 다윗의 능력이었다. 사자나 곰과 싸워도 이겼으니 상당한 실력을 가지고 있었던 것이다. 어떻게 그것이 가능했을까? 부단히 노력한 결과였다. 얼마나 많은 돌을 던지면서 연습을 했을지 충분히 상상할 수 있다. 자신의 일에 필요한 전문성을 얻기 위해 다윗은 밤낮으로 물매 던지기를 연습했을 것이다. 누가 시키지 않아도 아마 자신의 능력을 키우기 위해 노력했을 것이다. 성실한 노력이 결국 탁월한 무술 능력으로 발전하여 뒷날 골리앗을 무찔러 이기는 결실을 맺는다.

또한 다윗은 수금 연주를 잘했다. 수금 연주는 다윗이 양들을 돌보는 일을 하면서 할 수 있던 일종의 취미생활이고 개인기라고 할 수 있다. 그런데 다윗은 수금을 타는 일에 있어서도 뛰어났고 소문이 날 정도였다. 나중에 사울 왕이 악령에게 사로잡혀 괴로워할 때 다윗이 수금을 타면 제정신이 돌아올 정도로 뛰어나고 영감 있는 연주를 할 수 있었다. 현대 정신의학에서도 음악치료를 하듯이 다윗은 탁월한 수금 연주 능력을 가지고 있었다. 그를 소개한 사울의 신하 중 한 사람이 이렇게 다윗의 추천사를 작성해주었다. "내가 베들레헴 사람 이새의 아들을 본즉 수금을 탈 줄 알고 용기와 무용과 구변이 있는 준수한 자라. 여호와께서 그와 함께 계시더이다"(삼상 16:18).

다윗은 자신에게 주어진 십대 시절의 나날을 자신의 직업과 관련한 준비에 충실하면서 보냈다. 집안의 양들을 돌보는 일은 당연한 의무로 감당해야 하는 것이었고, 누구 하나 특별하게 알아주는 일도 아니었다. 그러나 다윗은 맡겨진 자신의 일에 충실했다. 아마도 그의 형들도 막내인 다윗이 했던 것과 같이 양들을 돌보는 일을 했을 것이다. 그러나 그들은 그 일을 대수롭지 않게 여겼던 것 같다. 나중에 다윗이 골리앗을 물리치는 엘라 골짜기에서 전쟁에 나가 있던 큰 형 엘리압이 다윗을 보고 화를 내며 이렇게 말한다. "네가 어찌하여 이리로 내려왔느냐. 들에 있는 양들을 누구에게 맡겼느냐. 나는 네 교만과 네 마음의 완악함을 아노니 네가 전쟁을 구경하러 왔도다"(삼상 17:28). 영어 성경들이나 과거의 개역성경이 번역하는 대로 "몇 마리 양들"(those few sheep, NIV, KJV)이나 제대로 돌보지, 전쟁터에 와서 어른들이 하는 일을 간섭하고 설치느냐고 짜증내며 야단치고 있다.

그깟 집안의 몇 마리 양들을 돌보던 하찮은 경험으로 골리앗과 맞설 수 없다는 이야기였다. 엘리압은 그에게 주어졌던 양 돌보는 일을 그렇게 하찮게 보았던 것이다. 그러나 다윗은 사울왕에게 말했다. "주의 종이 아버지의 양을 지킬 때에 사자나 곰이 와서 양 떼에서 새끼를 물어가면 내가 따라가서 그것을 치고 그 입에서 새끼를 건져내었고 그것이 일어나 나를 해하고자 하면 내가 그 수염을 잡고 그것을 쳐죽였나이다. 주의 종이 사자와 곰도 쳤은즉 살아 계시는 하나님의 군대를 모욕한 이 할례받지 않은 블레셋 사람이리이까. 그가 그 짐승의 하나와 같이 되리이다"(삼상 17:34-36).

다윗은 자신에게 의무로 주어졌던 그 하찮아 보이는 일을 성실하게 감당하면서 경험을 쌓았고, 결국 그 경험을 통해 민족을 구하고 하나님의 이름을 높이는 큰일을 해낼 수 있게 된 것이다. 시편 기자 아삽의 평가를 통해 하나님은 다윗의 목동 경험을 인증해주신다. "또 그의 종 다윗을 택하시되 양의 우리에서 취하시며 젖 양을 지키는 중에서 그들을 이끌어 내사 그의 백성인 야곱 그의 소유인 이스라엘을 기르게 하셨더니 이에 그가 그들을 자기 마음의 완전함으로 기르고 그의 손의 능숙함으로 그들을 지도하였도다"(시 78:70-72).

하나님은 비록 원하지 않는 일이라도 성실하게 최선을 다하는 다윗을 귀하게 보셨다. "내가 보는 것은 사람과 같지 아니하니 사람은 외모를 보거니와 나 여호와는 중심을 보느니라"(삼상 16:7). 소외된 직업현장에서, 혹은 일하기를 희망하면서 준비하는 오늘날 우리 사회의 '막내들'에게 주시는 하나님의 말씀이다. 하나님은 아무도 보지 못하는 것을 다윗에게서 보셨다. 바로 마음이다. 자신에게 주어진 일에 최선을 다하며 준비하는 나날을 보냈던 다윗의 마음을 하나님은 보셨다. 능력보다 중요한 것이 바로 태도인데 다윗은 어린 시절부터 '성실학교'에서 멋진 훈련을 받아 합격한 셈이다. 다윗의 인생에서 부족한 부분이 없는 것은 아니었으나 하나님이 그 인생을 총평하시면서 "내 마음에 맞는 사람"(행 13:22)이라고 하셨다.

성실학교에 입학하여 인생수업을 시작하라

옛날 어느 부잣집에 머슴 두 사람이 있었다. 한 머슴은 착실했으나 다른 머슴은 꾀를 부리고 믿음직스럽지 못했다. 주인은 밤에 머슴 둘을 불러 가느다란 새끼를 꼴 수 있는 만큼 최대한 많이 꼬아두라고 시켰다. 착실한 머슴은 밤이 깊도록 열심히 가는 새끼를 꼬아 쌓아놓았으나 게으른 머슴은 몇 발 꼬지도 않고 그나마 건성으로 굵게 새끼를 꼬는 척하다가 잠들어 버렸다. 이튿날 주인은 머슴들을 불러 새끼를 가지고 오라고 해서 돈을 넣어 둔 창고로 갔다. 주인이 말했다. "너희에게 그간의 새경을 주련다. 어젯밤 꼰 가는 새끼에다가 엽전을 꿰어 가지고 가라." 정성스럽게 가는 새끼를 꼰 머슴은 횡재했고, 꾀만 부리고 잠만 잔 머슴은 투덜거릴 수밖에 없었다.

성경의 많은 사람들도 성실학교에 입학하여 인생수업을 시작했다. 성실함의 대명사로 꼽힐 만한 성경 인물은 요셉이다. 야곱은 특별히 사랑하는 아들 요셉에게 심부름을 보냈다. 열일곱 살밖에 되지 않은 아이에게 헤브론에서 형들이 유목을 위해 간 세겜까지, 지도상의 직선거리로만 80킬로미터이고 구불구불한 산길 100킬로미터가 넘는 긴 여행을 다녀오도록 했다. 빨리 걸었더라도 닷새는 걸려 도착한 세겜에서 형들을 찾았으나 보이지 않았다. 결국 한 사람이 알려주어 형들이 도단으로 떠난 사실을 알았다. 그런데 도단은 요셉의 집이 있던 헤브론 방향이 아니라 세겜에서 북쪽으로 25킬로미터, 산악 지형 30킬로미터나 떨어진 곳이었다. 하루 만에 갈 수 없는 거리였다. 그래도 요셉은 포기하지 않고 도단까지 가서 형들을 찾아 아버지의 심부름을 잘 감당했다(창 37:12-17). 이것이 바로 요셉이 어린 시절부터 보여주었던 성실함이다. 이런 책임의식을 가지고 있었기에 아버지 야곱이 요셉에게 그런 쉽지 않은 심부름을 시키지 않았겠는가?

형들에게 노예로 팔려 애굽에 가서 보디발의 집에서 일할 때도 요셉은 성실한 자세로 결국 집안 살림을 책임지는 가정총무가 되었다. 또한 요셉은 감옥에서도 술 맡은 관원장의 꿈을 해석해주어 결국 애굽 왕 바로의 꿈을 해석하는 기회를 얻는 계기를 마련하게 된다. 아침에 요셉이 보니 술 맡은 관원장과 떡 굽는 관원장의 얼굴에 근심의 빛이 있었다. 그것을 놓치지 않고 연유를 물었고, 결국 그들의 꿈을 해석하여 그대로 이루어지게 되었다(창 40장). 이렇게 요셉은 자신에게 주어진 쉽지 않은 삶의 마당에서 언제나 성실함으로 최선을 다했다.

다윗도 사울 왕의 악사 겸 비서의 일을 하게 되었을 때 이런 성실함을 보여주었다. 다윗은 자기 집안의 양치는 일도 여전히 책임지고 있었다. 출근을 할 때는 집안의 종들이나 고용한 목자들에게 양을 돌보게 했고, 퇴근 후에는 양들을 인계받아 돌보면서 밤새 양들을 지켰다. 다윗은 성경 최초의 '투잡스'였다고 할 수 있다. 그런 상황에서 블레셋이 침입해 다윗은 사울 왕이 나가 있는 엘라 골짜기까지 출퇴근해야 했다. 다윗의 집이 있던 베들레헴과 엘라 골짜기까지 지도상의 거리가 20킬로미터 이상이었기에 두 가지 일을 다 감당하기는 쉽지 않았을 것이다. 그런데 다윗은 그 일을 40일이나 해내고 있었다(삼상 17:1-16).

그때 아버지 이새가 다윗에게 한 가지 심부름을 더 시켰다. 참전한 형들에게 음식을 가져다주고 지휘관들에게도 음식을 전하라는 심부름이었다. 이미 두 가지 일을 하는데, 또 새로운 임무가 주어졌을 때 어떻게 하면 좋은가? 아버지는 군대에 간 세 명의 형들 말고 다른 네 명의 형들에게 심부름을 보낼 수 있었을 텐데 그렇게 하지 않았다. 다윗은 이때 불평하지 않고 특유의 성실함으로 쉽지 않은 문제를 돌파한다. 다윗은 평소보다 "아침에 일찍이 일어나서" 출발했다(삼상 17:20). 집안의 양들은 양 지키는 자에게 맡기고 아버지의 심부름을 하고, 또한 왕의 악사 겸 비서의 역할을 감당했다. 주어진 일들이 벅차더라도 최대한 노력하는 성실함이 다윗의 미덕이었다. 바로 그날, 하나님의 군대를 모욕하는 골리앗의 욕설이 유난히 귀에 거슬렸고, 결국 그와 싸워 이겨서 풍전등화와 같던 이스라엘을 구했다.

모세도 성실함을 보여준 대표적인 성경 인물이다. 미디안에서 40년간 목자생활을 한 80세의 '목옹'(牧翁) 모세가 떨기나무가 불타는 모습을 보았다. 그곳은 건조한 땅이라서 자연발화로 불이 나기도 하지만 숲을 이루고 있지는 않기에 곧 저절로 꺼지는 경우가 흔했다. 그런데 모세는 평소보다 더 오래 타는 떨기나무를 그냥 지나치지 않고 가려던 길을 돌이켜 갔다(출 3:3). 모세가 이렇게 자신의 일터에서 생긴 평소와 조금 다른 현상에 대해 관심을 가지면서 성실한 태도를 보일 때, 하나님이 그에게 새로운 소명을 주신 것은 주목할 만하다. "이제 내가 너를 바로에게 보내어 너에게 내 백성 이스라엘 자손을 애굽에서 인도하여 내게 하리라"(출 3:10).

우리 인생에서도 어떤 일이건 성실함을 보이면서 최선을 다하는 그 장소가 바로 새로운 소명을 받는 자리이다. 하나님이 주신 꿈을 가지고 있다면 성실해야 하고, 성실함을 통해 새로운 사명을 부어빋는다. 이런 원칙을 모세가 보여주고 있다. 현재 자신이 하고 있는 일이 사소한 일이라 하여도 그 일 속에 하나님께서 주신 사명이 있다. 성실하게 최선을 다하는 사람들에게 하나님이 길을 열어주신다.

대학에 들어갈 꿈을 가진 미국의 한 흑인 소년이 있었다. 그의 나이는 열여섯 살이었다. 웨스트버지니아에 있는 햄프턴대학에 도착한 소년은 백인 학장에게 찾아가 대학에서 공부할 수 있게 해달라고 간청했다. 그러나 학장은 보잘것없어 보이는 흑인 소년에게 무턱대고 대학 입학을 허락할 수는 없었다. 학장은 소년에게 강당 청소를 시켰다. 그러자 소년은 "주님, 제 꿈을 이루어 주옵소서!"라고 기도하면서 열심히 그 넓은 강당을 청소했다.

저녁에 학장이 강당에 와서 보니 청소 상태가 너무나 완벽했다. 소년은 기도하면서 두 번씩이나 강당을 구석구석 청소했던 것이다. 그 일로 인해 입학 허가를 받은 소년은 그 대학을 졸업했고, 후일 바로 그 대학의 학장이 되었다. 또한 흑인 대학을 두 개나 세웠다. 그가 바로 노예의 아들로 태어나 미국을 빛낸 위인으로 평가받는 부커 워싱턴이다.

이탈리아의 한 영지에서 공작이 길을 걷다가 이른 아침부터 땀을 흘리며 나무로 된 상자를 열심히 만들고 있는 한 사람을 보고는 궁금해졌다.

"자네가 만들고 있는 그 상자를 어디에 쓸 생각인가?"

"예, 공작님. 이 상자에 꽃씨를 뿌릴 생각입니다."

"그렇다면 흙을 담을 텐데 흙이나 채울 상자를 뭘 그리 정성을 다해 깎고 다듬는단 말인가?"

"저는 무슨 일이나 완벽하게 하기를 좋아합니다."

"쓸데없는 일에 애를 쓰고 있군. 그런다고 누가 쳐다봐주기나 한다던가? 흙이나 담고 꽃이나 심을 상자를 말이네."

"그러나 저는 그렇게 생각하지 않습니다. 나사렛에서 목수로 일하신 예수님이었다면 이런 상자를 아무렇게나 만드셨겠습니까?"

"예끼, 이 사람아! 그렇게 하찮은 일을 가지고 예수님이 하신 거룩한 일과 비교할 수 있겠나? 그건 하나님을 모독하는 일이네. 어쨌든 자네 이름이나 알아두세. 자네 이름이 뭔가?"

"예, 공작님. 제 이름은 미켈란젤로라고 합니다."

미켈란젤로는 그날 "무슨 일을 하든지 마음을 다하여 주께 하듯 하고 사람에게 하듯 하지 말라"(골 3:23)는 중요한 교훈을 실천한 것이다. 젊은 미켈란젤로가 언급한 목수 예수님이 일하시는 모습을 상상해 보았는가? 대패질을 하시는 예수님의 모습을 상상해보자. 무척이나 더운 날, 유난히도 옹이가 많은 목판을 대패질하면서 예수님은 어떤 생각을 하셨을까? '내가 이런 잡일이나 하러 왔단 말인가?' '왜 이렇게 옹이가 많아서 내팻널은 자꾸 빠지는 거야?' '또 이 지겨운 하루를 어떻게 때우지?'

틀림없이 그렇지 않았을 것이다. 예수님은 그분이 하시던 일에 집중하고 즐겁게 최선을 다하셨을 것이다. 아버지와 함께 만든 문짝을 배달하러 가기도 하셨을 것이다. 물건을 주문했던 사람이 생트집을 잡는 일도 경험하셨을 것이다. 납품한 물건을 석달쯤 쓰다가 잘못되었다고 반품하겠다는 고객에게 예수님은 어떻게 대응하셨을까? 밀린 물건 대금을 받아내는 일을 어떻게 하셨을까? 작업량이 많을 때는 야근도 하셨을 것이다. 일이 바쁠 때에는 이웃의 동료 목수에게 도움을 요청하셨을 것이다. 일을 하는 그 모든 과정에서 예수님은 성실하게 감당하셨을 것이다. 이런 성실함이 오늘 우리에게도 필요하다. 오늘날 우리의 비즈니스 현장에도 이렇게 일하시던 예수님, 성실한 직업인 그리스도께서 함께 일하신다.

영화 〈패션 오브 크라이스트〉(The Passion of the Christ, 2004)에서 멜 깁슨 감독이 예수님의 열정과 창의성을 그려내고 있다. 예수님이 십자가에 달리기 전 극심한 고통을 받으실 때 마리아가 회상하는 다섯 장면들 중 한 장면이다.

어머니 마리아가 식사를 준비하면서 아들 예수를 불러도 오지 않자 일하는 곳으로 갔다. 그런데 예수님이 만들고 있는 식탁이 마리아에게 생소했다. 유대인들은 식탁에 팔꿈치를 올리고 길게 다리를 늘여서 거의 눕다시피 앉아 식사를 하기에 우리의 밥상과 같은 높이의 식탁을 사용한다. 그런데 예수님은 다리의 길이가 유난히 긴 특이한 식탁을 만들고 있었다. 왜 이렇게 식탁이 높은지, 누가 이런 식탁에서 식사를 하는지 마리아가 묻자 예수님은 부자들이 사용한다고 대답했다. 마리아가 부자들은 돈이 많아서 서서 식사를 하는지 묻자, 아직 만들지는 않았는데 의자에 앉아서 식사를 한다고 예수님은 대답했다. 그리고 의자에 앉아서 식사를 하는 동작을 보여주셨다. 어머니 마리아도 아들 예수를 따라 의자에 앉아서 식사를 하는 사람들의 이상한 식사법을 따라해 보았다. 예수님이 어머니의 그 모습을 보고 활짝 웃는 장면이었다.

이 장면을 보면서 상상해 보았다. 예수님이 왜 그런 높은 식탁을 만드셨을까? '갈릴리 목수협회' 같은 곳에 가서 정보를 얻었거나 새로운 목공 기술을 습득하여 신제품을 만들어 출시하려고 하신 것이 아닌가? 로마 문화의 영향을 받아 신식의 삶을 추구하는 부자들이 그곳 나사렛 지방에도 있었기에 시제품을 만들어 공격적인 마케팅을 해보려고 하신 것은 아닐까? 여하튼 멜 깁슨 감독이 묘사하는 목수 예수님은 창의성을 가지고 자신의 일에 열정을 다하는 분인 것이 인상적이었다. 영화처럼 성실하게 사신의 일을 20년 가까이 감당하신 예수님을 우리는 얼마든지 상상할 수 있다.

예수님이 말씀하신 달란트 비유를 통해 우리는 성실의 미덕이 인생수업에서 얼마나 중요한지 알 수 있다. 다섯 달란트를 받았던 사람, 두 달란트를 받았던 사람들은 주인이 재능대로 맡겨준 돈으로 곧장 나가 장사를 했다. 성실하게 일했다. 그런데 한 달란트 받았던 사람은 주인을 곱게 보지 않았다. 다른 종들과 자신을 비교하면서 열등감에 빠졌다. 자신을 한 사람의 절반, 또 한 사람의 5분의 1로밖에 평가하지 않는 주인이 원망스러워 받은 한 달란트를 땅에 묻어두었다. 나중에 주인이 왔을 때 다섯 달란트와 두 달란트를 받았던 사람들은 각각 자기 자본금만큼 벌어와 칭찬을 받았다. 그러나 한 달란트를 받았던 사람은 책망을 들었다. "악하고 게으른 종아 나는 심지 않은 데서 거두고 헤치지 않은 데서 모으는 줄로 네가 알았느냐"(마 25:26).

결국 한 달란트를 받았던 종은 자신에게도 동일하게 주어진 성실의 기회를 차버린 것이다. 재능대로 자신에게 주어진 달란트를 활용해 자신의 성실함을 보여주었더라면 그는 그렇게 심한 책망을 듣지 않았을 것이다. 작은 일에 충성할 때 우리의 인생에 아름다운 결과가 있다. 따라서 오늘 우리는 우리가 하는 일에 근면하고 성실하게 최선을 다해야 한다. 그러면 하나님이 더 큰 기회를 우리에게 주시면서 우리의 성실함을 활용하여 일하실 것이다.

우체부 프레드처럼 질문하면서 일하라

노크 소리가 들렸다. 미국 콜로라도 주 덴버 시의 워싱턴 파크에 있는 낡은 단독주택 한 채를 구입해 이사한 마크 샌번이라는 사람의 집이었다. 나가 보니 우체부였다. 그가 경쾌한 목소리로 인사를 했다.

"안녕하십니까, 샌번 씨. 제 이름은 프레드입니다. 이 지역에서 우편물을 배달하고 있죠. 그래서 인사도 하고, 이웃이 되신 것을 환영도 하고 선생님에 대해서, 그러니까 선생님이 어떤 일을 하시는지 알아도 볼 겸 이렇게 들렀습니다."

보통의 키와 몸집에 작은 콧수염을 기른 남자의 외모는 평범했다. 그런데 그의 말과 행동에서는 어딘지 모르게 성실함과 따뜻함이 묻어났다. 마크가 대답했다.

"예, 저는 직업 컨설팅도 하고 강연도 하는데 진짜 직업은 없습니다."

"그러면 여행을 많이 하시겠군요?"

"그렇죠. 1년에 160일에서 많으면 200일 정도는 밖으로 돌아다니지요."

"그럼 제게 선생님의 스케줄 표를 복사해주시겠습니까? 우편물을 따로 모아두었다가 선생님이 댁에 계시는 날 한꺼번에 전해 드리겠습니다."

스케줄 표를 복사해주는 것이 좀 꺼림칙했는지 마크는 그냥 되는 대로 우편함에 넣어달라고 했다. 그러니까 우체부는 우편물이 잔뜩 쌓여 있으면 도둑을 부르는 것이나 마찬가지라고 하면서 대안을 제시했다. 결국 작은 우편물만 우편함에 넣고 큰 것은 밖에서 안 보이도록 현관문 아래로 넣어주기로 했다. 그래서 마크는 기꺼이 동의하고 고맙다고 했다.

보름 후에 며칠간의 출장에서 돌아와 현관문을 열려고 하는데 뭐가 이상해서 보니까 출입문 앞에 있던 도어매트가 없어졌다. '이 동네는 이런 걸 훔쳐가는 도둑도 있나?'라고 생각했는데 베란다 아래를 보니 뭔가를 덮고 있는 도어매트가 보였다. 그것을 들치니 아래에 소포와 메모가 있었다. 그가 집을 비운 사이 한 택배회사 직원이 그 물건을 엉뚱한 집으로 배달했던 것이다. 우체부 프레드가 그걸 우연히 발견하고 마크의 집으로 가져왔다. 그리고 도난 염려가 있으니 눈에 띄지 않게 물건을 베란다 아래에 두고 도어매트로 덮어둔 것이 아닌가!

이 우체부의 서비스 정신이 어떤가? 전국을 다니면서 강연을 주로 하는 마크 샌번이 강연을 할 때마다 매번 프레드를 화제로 삼아 이야기했다. 그 프레드로 인해서 많은 사람들이 격려와 힘을 얻게 되었다. 이 일을 시작으로 해서 결국 미국에서는 '프레드 효과'라는 말이 나오고 그런 제목의 책이 나왔다(마크 샌번 지음, 「우체부 프레드」, 랜덤하우스코리아 펴냄, 2004). 기업들은 '프레드 상(賞)'을 제정해서 서비스 혁신에 헌신한 직원에게 상을 수여하기도 했다.

이 프레드란 실존 인물은 이 책을 쓴 마크 샌번만이 아니라 그가 일하는 관내의 모든 사람에게 그런 식으로 일한다. 비번일 때도 동네를 돌아보며 사람들과 대화하곤 할 정도로 타인에 대해 진정한 배려를 하는 사람이다. 프레드는 젊을 때 드럼 연주자로 활동하기도 했다. 그래서 악기와 청소년들의 연주에도 관심이 많은데, 학교 음악부 선생님의 요청으로 낡은 드럼을 손수 손질하고 수리해서 기증하기도 했다.

이 책의 뒷부분에는 마크 샌번이 프레드와 인터뷰를 한 내용이 실려 있다. "왜 그렇게 일하십니까?"라는 질문을 하니 프레드가 대답했다.

"나는 매일 행복하고 싶습니다. 나 자신에 대해 뿌듯한 자부심을 느끼고 싶어요. 그런데 다른 사람들을 도울 때 얻는 만족감이 내게 그런 자부심을 느끼게 해줍니다."

"아하! 선행을 베풀어라. 그럼 당신이 행복해신다! 그런 말씀이군요?"

프레드가 대답했다.

"그렇습니다. 적어도 저는 그렇게 생각합니다. 저는 순수하게 다른 사람들을 돕는 것이 즐겁습니다. 만약 어떤 다른 목적 때문에 사람들을 돕는다면 진정으로 즐겁지는 않겠죠."

"혹시 고객 서비스를 공부한 적이 있으세요?"

프레드가 대답했다.

"저는 그런 말은 잘 몰라요. 그저 전심전력을 다해 성실히 일할 뿐입니다."

실존인물인 우체부 프레드는 바로 오늘날 우리 시대를 사는 평범한 직장인의 모습을 보여준다. 프레드가 스스로에게 자문한다고 할 수 있는 세 가지 질문이 있는데, 같은 질문을 우리 자신에게 해볼 필요가 있다.

첫 번째 질문은 "오늘 나는 어떤 차이를 만드는가?"이다. 심리학자 아브라함 매슬로우가 말한 인간의 욕구 중 정점에 자아실현의 욕구가 있다. 사람들은 살아가면서 뭔가 의미를 찾는 것을 알 수 있다. 자기가 하는 일에 의미를 부여하는 것이다. 대다수의 사람들은 우편배달을 단조롭고 고된 일로만 생각하지만 프레드는 다른 사람들의 삶을 더 즐겁고 행복하게 해줄 기회로 삼았다. 긍정적인 방향에서 자신의 일에 대한 생각의 변화를 모색한 것이다.

마틴 루터 킹 목사는 말했다. "환경미화원으로 부름받은 사람이라면 미켈란젤로가 그림을 그리고, 베토벤이 교향곡을 작곡하고, 셰익스피어가 시를 쓰듯이 거리를 청소해야 한다. 그가 타고난 능력을 다해 거리를 깨끗하게 청소할 때 천국과 지상의 주인들은 '자기에게 맡겨진 일을 성심으로 한 환경미화원이 여기 살았다'라고 칭송할 것이다."

우리가 다른 사람들과 똑같은 일을 하더라도 우리는 우리의 일에서 뭔가 다른 차이를 만들어내야 한다. 어떤 일이든 의미를 부여하고 특별하게 해내야 하는 것이다. 이렇게 본다면 무의미하고 평범한 일은 없다. 이 사실을 프레드는 행동으로 보여주었다. 세상에 중요하지 않은 일은 없다. 다만 사람들이 중요하게 여기지 않을 뿐이다.

「피터 팬」의 작가 제임스 배리는 이렇게 말했다. "자기가 좋아하는 일을 직업으로 가져서 즐겁게 일하는 사람은 행복하다. 그런데 자기가 하는 일을 즐겁게 하는 사람은 더 행복하다." 그렇지 않은가? 사람들은 자신이 간절히 원하거나 좋아하지는 않는 일을 평생 할 수도 있다. 그것은 이상한 게 아니다. 어떻게 보면 억지로 하게 된 일이지만 그 일을 즐겁게 할 수 있다면 그보다 행복한 사람이 어디 있겠는가?

두 번째 질문은 "일보다 사람을 먼저 배려하는가?"이다. 마크 샌번이 생각해보니 그가 만난 우편배달부들은 일을 우편함에서 끝냈다. 그렇게 하는 것이 잘못도 아니다. 그들의 역할은 우편함까지 우편물을 잘 배달해주는 것이다. 하지만 프레드의 서비스는 그 이상이었다. 우편물을 주고받는 사이로 끝나는 게 아니라 개인적인 친분까지 유지하면서 그 사람의 편의를 최대한 보장해주려는 마음 씀씀이를 보여주었다. 사람에 대한 배려가 없이는 프레드가 이렇게 일하는 것은 불가능했다.

직장생활을 할 때 참으로 중요한 인간관계의 구축은 어디에서 시작되는가? 바로 나로부터 시작된다. 내가 마음을 열어야 상대도 나에게 마음을 연다. 어떤 일을 하든 일보다 먼저 다른 사람을 배려해야 사람들의 마음이 움직인다. 사람에게는 소통이 필요하고 상호작용이 필요하기 때문이다. 아랫사람을 대할 때나 윗사람을 대할 때 그 사람이 가치 있는 사람이고 소중하다는 생각을 할 때 우리는 일의 차원을 끌어올릴 수 있고, 진정한 성공에 이를 수 있다. 우리가 만들어내는 제품과 서비스를 고객에게 초점을 두고 만들어야 한다. 결국 모든 물건도 사람이 쓰는 것이기 때문이다.

세 번째 질문은 "가치를 창조하기 위해 창의력을 발휘하는가?"이다. 우체부 프레드는 고객에게 좀 더 나은 서비스를 제공하겠다는 열정이 있었다. 그 열정이 상상력으로 발전해서 남들이 만들어내지 못하는 가치를 창조했다. 돈 한 푼 들이지 않고 그렇게 바람직한 가치를 창조해내는 것이 어떻게 가능할까? 다른 우체부들에 비해 더 창조적으로 생각하고 더 열심히 노력했기 때문이다.

책 속에는 한 직장인에 대한 안타까운 평가가 나온다. 그는 오랫동안 몸담았던 직장을 떠났다. 그는 대부분의 나날을 어제처럼 일했다. 동료들은 그를 싫어하지 않았지만 그리워하지도 않았다. 적잖은 돈을 벌었지만 그는 여전히 가난하다고 생각했다. 그는 월급을 받는 만큼, 꼭 그만큼만 일했다. 그러니 일을 하긴 했지만 즐겁지 않았고, 언제나 해왔던 방식 그대로 일하면서 삶도 일하는 방식과 비슷하게 그저 그렇게 살았다.

우리는 '이 정도면 됐어!' '그냥 엎드려 있지 뭐'라는 나태한 마음을 버리고 성실하게 노력해야 한다. 오늘도 일을 하면서 잘해보려고 열심히 노력하기도 하고 애쓰지만 여전히 답답하고 무언가 새롭고 특별한 동기를 얻지 못할 수 있다. 그러면 삶의 활기를 찾지 못하고 일에 대한 열정까지 흔들리기도 한다. 그때 우편물을 배달해주는 한 사람, 프레드를 떠올려보라. 우체부 프레드는 단순하고 고단하다는 우편물 배달 일을 하면서도 그 일을 그야말로 주님께 하듯이 하여 감동을 불러일으키는 창의력과 열정을 보여주었다. 나라고 못할 이유가 있는가? 프레드처럼, 아니 프레드보다 더 열정적으로 나의 일을 하겠다고 결심하고 실천하면 된다. 이 세상에 프레드 같은 사람이 많아지는 길은 무엇인가? 대답은 간단하다. 바로 나부터 시작해서 프레드가 되는 것이다.

02 _ 비전(vision) 리더십

하나님이 주신 꿈, 꿈을 이룰 땀

'비전'이라고 하면 많은 사람들은 휘황찬란한 야망을 떠올리곤 한다. 반대로 성공한 사람의 모습과 견주면서 나와는 거리가 먼 것으로 생각하기도 한다. 이런 양극단의 반응은 비전에 대한 오해이다. 비전은 이렇게 정의할 수 있다. '한 사람의 인생을 이끌어가시는 하나님의 큰 그림.' 정확하게 말하면 그 사람에게 주신 하나님의 꿈이다. 성경 속 꿈의 사람인 요셉을 볼 때도 우리는 이런 관점으로 하나님이 주신 꿈이 요셉의 인생을 통해 어떻게 성취되는지 살펴봐야 한다. 다윗을 볼 때도 마찬가지다. 하나님은 다윗이 어린 시절에 기름을 부어 이스라엘의 왕으로 임명하셨고, 이후의 삶을 통해 다윗은 하나님이 주신 비전이 성취되는 과정을 경험했다. 우리의 인생에서도 비교적 젊은 날에 이런 비전을 꿈꾸기 시작해야 한다. 직장인이라면 신입사원 시절부터! 다윗이 자기 인생을 통해 비전을 성취해 나가는 과정을 살펴보자.

투명한 왕관의 존재를 늘 기억하라

어느 날 갑자기 찾아온 사무엘 선지자에게 불려가 기름부음을 받았던 다윗은 어리둥절했을 것이다. 양들 틈에서 일하느라 티끌과 양털이 묻고 헝클어졌을 다윗의 머리에 사무엘이 뿔병 속의 기름을 부었다. 그날 이후로 다윗은 하나님의 영에게 크게 감동되었다(삼상 16:13). 이후 사울에게는 하나님의 영이 떠나고 악령이 역사하는 반면 다윗에게는 하나님의 영이 함께하시며 그에게 주어진 인생의 비전을 추구하는 일을 해 나가도록 도우셨다.

왕정시대가 막 시작된 시기에 초대 왕 사울의 왕조가 단절되고 다윗이 왕으로 등극하여 새로운 왕조를 열게 되었다면 차기 왕 다윗에게 주어진 비전은 무엇이었을까? 블레셋에게 지속적으로 침략을 당하고 어려움을 겪는 정치적 현실 속에서 다윗의 비전은 국가의 초석을 굳게 하고 외적들, 특히 블레셋을 제압하여 나라를 안정시키는 것이었다. 다윗은 바로 그런 일을 위해 노력했다. 물론 다윗이 기름부음을 받았던 때의 나이가 십대 후반쯤이라면 그가 유다 지파의 왕위에 오른 때가 30세이니 10여 년의 세월 동안 다윗은 하나님이 주신 비전의 성취를 위한 말 못할 고초를 겪어야 했다.

다윗은 집안의 양떼를 돌보는 일을 책임지면서도 사울 왕의 악사 겸 비서로 일해야 했고, 아버지가 새로운 일을 맡길 때도 한마디 불평도 하지 않고 일찍 일어나서 자신에게 주어진 일을 다 감당하기 위해 노력했다(삼상 17:20). 그에게는 인생의 목표가 분명했기 때문이다. 중요한 사실은 그런 시절에도 분명하게 다윗의 머리에는 '투명 왕관'이 씌어 있었다는 점이다. 다윗은 매우 고달픈 젊은 나날을 보내고 있었으나 이스라엘의 왕으로 훈련받고 있었다.

골리앗과 맞서 싸울 기회를 얻고 결국 그를 물리쳐 이긴 일도 다윗의 비전 성취의 한 과정이었다. 그 싸움을 준비할 때 다윗은 시냇가에서 물맷돌 다섯 개를 준비했던 것이 이채롭다. 왜 다섯 개의 물맷돌을 준비했겠는가? 여기에 바로 다윗의 비전이 담겨 있다. 존 헌터 목사의 책 「하나님을 제한하지 말라」(생명의 말씀사, 2005)에 보면 이때 다윗이 물맷돌 다섯 개를 준비한 행동에는 특별한 목적이 있었다. 사무엘하 21장 15~22절이 다윗시대에 블레셋에서 활동하던 거인 장수들을 묘사한다. 이미 죽은 골리앗까지 합하면 다섯 명의 거인 장수들이 다윗시대에 블레셋의 핵심적인 지휘관들이었다. 골리앗과 맞선 다윗은 골리앗의 뒤에서 각 부대를 이끌고 서 있는 거인 장수 네 명도 보았을 것이다. 거인들이니 잘 보였을 것이 아닌가? 그래서 돌 다섯 개를 준비해 그 장수들을 다 상대하려던 계획이 바로 다윗의 물맷돌 다섯 개에 담긴 비밀이다. 물론 다윗은 골리앗을 맞춘 돌 하나로 골리앗을 죽여 기선을 제압하고 전쟁을 승리로 이끌 수 있었다. 그래서 나머지 네 개의 돌이 더 필요하지 않았다.

이렇게 다윗은 하나님의 왕국 이스라엘을 굳건하게 세우기 위해 다섯 명의 블레셋 거인 장수들을 없애겠다는 분명한 목표가 있었다. 하지만 골리앗을 죽인 이후에도 네 명의 거인 장수들은 여전히 다윗과 이스라엘에게 눈엣가시였다. 다윗이 정권을 잡은 후 이웃 나라들과 전쟁을 통해 수많은 영토를 넓혔지만 블레셋과는 치열하고 오랜 각축을 벌였는데, 그 원인이 이 네 명의 거인 장수들 때문이 아니었을까 생각된다. 블레셋의 거인 장수들을 없애는 것은 다윗 왕에게 있어서 국가의 사활이 걸린 중요한 문제였다.

사무엘하 21장에서 거인족의 후손인 이스비브놉이라는 이름의 장수를 물리친 상황을 묘사한다. 이 시기는 다윗이 왕이 된 후 꽤 오랜 시간이 지났을 때인 것으로 보인다. 연대 기록은 없지만 다윗이 왕으로 재임한 40년의 기간 중 30년은 지나지 않았을까 생각된다. 그랬다면 다윗의 나이는 60세가 넘었을 것이다. 다윗은 나이도 많았지만 그 당시 매우 피곤했다고 한다(삼하 21:15). 그래도 다윗은 전투에 직접 나서서 선봉에 섰고, 적장 이스비브놉과 맞섰다. 왜 그랬겠는가? 여전히 블레셋의 거인 장수들을 물리쳐 이기는 것이 그의 비전을 성취하기 위한 중요한 사명이었기 때문이다. 결국 위기에 처한 다윗을 위해 아비새 장군이 나섰고, 그가 적장을 죽였다. 장수들이 다윗 왕에게 말했다. "왕은 다시 우리와 함께 전장에 나가지 마옵소서. 이스라엘의 등불이 꺼지지 말게 하옵소서"(삼하 21:17). 이렇게 주군을 아끼고 충성을 다하는 부하 장수들과 함께 다윗 왕은 비전을 성취하기 위해 노력했다.

이런 윗사람의 솔선수범과 아랫사람의 충성심이 합해져서 어떤 결과가 있었는가? 이 사건 후에도 블레셋의 거인 장수였던 삽과 라흐미(골리앗의 아우), 그리고 손가락과 발가락이 여섯 개씩이던 장애인 거인 장수를 다윗의 부하들이 차례로 죽였다. 성경은 말한다. "이 네 사람 가드의 거인족의 소생이 다윗의 손과 그의 부하들의 손에 다 넘어졌더라"(삼하 21:22).

평생에 걸쳐 다윗과 그의 신하들이 애쓴 비전 성취를 기록한 것이다. 이스라엘을 굳건하게 세우기 위한 비전의 성취를 위해 다윗은 부하들과 함께 부단히 노력했다. 그래서 이후 솔로몬 왕 시절에는 최대의 영토를 확보하고 평화 시기를 누릴 수 있었다.

인생의 비전은 이렇게 후손들에게 전달되어야 한다. 다윗이 가지고 평생 매진하던 비전은 아들 솔로몬에게도 전수되었다. 비전 성취를 위해 평생 애썼던 사람도 이렇게 계승을 잘하지 못하면 어려움을 겪는다. 솔로몬은 과연 아버지 다윗 왕의 비전, 그리고 자신에게 전수된 비전을 이해하고 있었을까? 기브온 산당에서 일천번제를 드릴 때 솔로몬은 자신의 비전 기도를 분명하게 하고 있다. "나의 하나님 여호와여 주께서 종으로 종의 아버지 다윗을 대신하여 왕이 되게 하셨사오나 종은 작은 아이라 출입할 줄을 알지 못하고 주께서 택하신 백성 가운데 있나이다. 그들은 큰 백성이라 수효가 많아서 셀 수도 없고 기록할 수도 없사오니 누가 주의 이 많은 백성을 재판할 수 있사오리이까. 듣는 마음을 종에게 주사 주의 백성을 재판하여 선악을 분별하게 하옵소서"(왕상 3:7-9).

솔로몬의 기도는 하나님의 마음에 드는 기도였다. 하나님은 솔로몬이 자기를 위해 장수나 부유함, 원수의 생명 멸하기를 구하지 않은 것을 기뻐하셨다. 이스라엘의 왕으로서 하나님이 맡기신 백성들을 재판하고 잘 다스리기 위한 지혜를 구했으니 그 기도대로 지혜롭고 총명한 마음을 주겠다고 약속하고 이행하셨다(왕상 3:10-12). 그리고 솔로몬은 구하지 않은 복들도 다 받았다. 하나님이 기도를 듣고 응답하시면서 이렇게 적극적으로 반응하시고 복 주신 경우가 그리 많지 않다. 대를 이어 비전의 성취를 간구한 기도를 하나님이 기뻐하셨다.

솔로몬의 비전 기도를 참조하여 우리 자신의 비전을 위한 기도문을 작성해보는 것은 어떤가? 위에 나오는 솔로몬의 기브온 산당 기도는 한 번으로 그치지 않았을 것이다. 아마도 솔로몬 왕은 두루마리에 기록한 기도문을 집무실에 붙여두고 수시로 기도하지 않았을까 생각해본다. 우리도 하나님이 내게 주신 비전을 성경책 앞에 붙여놓고 자주 기도하고 생각하면서, 또한 수정해야 할 부분은 수정하는 노력을 기울인다면 우리는 인생의 비전을 성취하는 과정을 통해 하나님이 주시는 귀한 복을 누릴 수 있을 것이다.

아울러 다윗이 평생 추구한 비전의 계승은 성전 건축과 관련하여 남긴 유언을 통해서도 분명하게 확인할 수 있다. 하나님이 임재하시는 영광의 장소인 성전을 건축하기 위해 다윗은 많은 준비를 했다. 성전을 지어 하나님에게 영광을 돌리는 것이 그의 인생의 비전을 성취하는 중요한 한 부분이라고 생각했다. 그러나 하나님은 다윗이 전쟁을 하느라 피를 많이 흘려서 성전을 건축하지 못할 것이라고 하셨다(대상 22:8).

하나님의 말씀은 다윗의 마음에 박힌 대못과도 같았다. 왜 다윗이 생애 내내 전쟁을 해야 했는가? 하나님이 주신 비전을 성취하기 위한 일이 아니었는가? 그런데도 원하던 성전을 건축할 수 없었다. 하지만 다윗은 하나님의 말씀에 수긍하고 성전을 건축하는 일은 아들 솔로몬의 몫으로 알았다. 다윗은 성전 건축을 위한 준비를 충분히 다하는 것으로 비전 성취의 계승을 추구했다.

다윗은 인생을 마치기 전에 성전을 위해 자신이 준비한 것이 무엇인가 이야기하면서 아들 솔로몬에게 성전을 잘 지으라고 권하고 있다(대상 22:6-19). 이것을 살펴보면 우리가 우리 인생의 비전을 성취하기 위해 준비할 인생의 자원들이 무엇인지 확인해 볼 수 있다. 우선 다윗이 성전 건축을 위해 준비한 것은 재물이었다. 다윗은 금과 은과 놋과 철과 목재와 돌을 엄청나게 준비했다. 금만 십만 달란트에 훨씬 많은 다른 재료를 준비했다.

또한 준비해야 할 것은 능력이었다. 다윗은 성전을 짓기 위해서 필요한 각 분야의 장인들, 즉 석수와 목수 등의 전문가들이 준비되었다고 말한다. 비전을 이루기 위해서는 능력이 필요하다. 많은 재료가 준비되었으니 이제 일어나 일해야 하는데, 능력이 없다면 제대로 성전을 건축할 수 없다. 그래서 다윗은 능력을 준비해야 한다고 말했다.

세 번째는 사람이었다. 다윗은 문무백관들을 향해 솔로몬을 도우라고 말했다. 비전을 이루는 일은 혼자서 할 수 있는 것이 아니다. 다윗에게 비전을 함께 이루어갔던 용사들이 있었던 것처럼(삼하 23:8-39) 솔로몬에게도 성전을 건축하며 이스라엘을 이끌어갈 사람들이 필요했다. 다른 어떤 것들보다 사람이야말로 비전 성취를 위한 중요한 자원이 아닐 수 없다.

마지막으로 다윗이 언급하는 비전 성취를 위한 중요한 자원은 믿음이었다. 다윗은 자기 아들 솔로몬과 함께 뒷날을 책임져나갈 신하들에게 하나님 여호와를 구하라고 부탁했다. 하나님을 믿는 믿음을 가지라는 것이었다. 우리의 인생을 어떻게 사느냐 하는 문제에서 이 명쾌한 정답만큼 단순하면서도 분명한 해답이 있을까? 하나님을 의지하는 것, 이것은 우리가 가진 돈과 능력과 인맥을 다 합한 것보다 더 중요한 것이다. 그 모든 자원을 다 갖추었어도 하나님을 의지하는 믿음이 없으면 그 사람은 하나님이 박수쳐주시는 성공은 하지 못할 것이다.

우리의 비전을 하나님의 나라를 세우는 초석이 되게 하는 요소가 바로 이 믿음이다. 믿지 않는 우리 동료들은 알지 못하는 이 비밀을 우리는 특권으로 여겨야 한다. 마음과 정신을 모아서 오직 하나님 여호와를 구하고 그분께 헌신해야 한다. 잘 보이지 않지만 분명히 머리 위에 존재하는 '투명 왕관'을 보고 매진했던 다윗처럼 우리도 휘황찬란한 투명 왕관의 존재를 인정하며 분명한 꿈을 추구해야 한다.

비전을 이루기 위한 목표를 정하고 매진하라

사람들의 눈에는 보이지 않던 투명 왕관을 쓰고 있던 다윗은 투잡스의 고달픈 생활을 거쳐 골리앗을 물리친 후 군대의 장으로 입각했다. 왕위를 세습받는 것이 아니라 스스로 왕조를 시작해야 했던 다윗에게는 좋은 제왕수업의 기회였다. 하지만 다윗은 군대장관으로 오래 재직하지 못하고 망명을 떠나지 않을 수 없었다. 왕위에 대한 위협을 느낀 사울 왕의 미움을 받았기 때문이다. 열심히 노력했으나 실패의 길을 걷는 것 같아 보였다. 눈에 보이는 비전의 성취가 더 이상 없어 보였다. 그러나 하나님이 특별하게 마련해주신 여러 기회들을 통해 다윗은 차근차근 비전의 성취를 위한 목표 달성을 해나갈 수 있었다.

망명지인 아둘람 굴로 사람들이 모여들었고, 그들을 중심으로 뒷날 자신의 정부를 세우는 기반을 마련했다. 7년 반의 유다 지파 왕을 지낸 후 다윗은 이스라엘 모든 지파의 왕으로 등극하게 되었다. 인생의 과정마다 하나님이 인도하시고 섭리하시는 역사를 따라 다윗은 기도하며 나아갔다.

사도 바울이 말한다. "너희 안에서 행하시는 이는 하나님이시니 자기의 기쁘신 뜻을 위하여 너희에게 소원을 두고 행하게 하시나니"(빌 2:13). 이 마음속 소원은 바로 단기적인 목표를 세우고 그것을 이루기 위해 노력하는 열정을 말한다(Achievement). 인생의 보다 장기적인 목적, 즉 비전을 말하는 성취(Fulfillment)와는 차이가 있지만 비전을 가진 사람은 이렇게 단기적인 목표를 발견하고 그 목표를 이루기 위해 노력할 수 있어야 한다.

1953년에 미국 예일대학교 졸업생들을 대상으로 목표에 관한 조사를 했는데, 단 3%의 졸업생만이 인생의 목표와 재정에 관한 계획을 종이에 적어 가지고 있었다. 20년 뒤인 1973년에 그 졸업생들을 대상으로 다시 조사했다. 그랬더니 종이에 적은 인생의 목표를 가졌던 3%의 사람들은 인생에 대해 만족과 행복을 누리고 있었다. 재정적인 측면에서는 목표가 있던 3%의 사람들이 가진 재산의 합이 나머지 97%의 목표가 없던 졸업생들의 재산을 모두 합한 것보다 많았다.

1979년에 하버드대학교 경영대학원에서도 비슷한 조사를 했다. MBA를 졸업한 학생들에게 목표가 있느냐고 물었더니 3%만 기록한 목표를 가지고 있었고, 13%는 머릿속에만 목표가 있었다. 84%의 대다수 졸업생들은 목표가 없다고 했다. 10년이 지난 후인 1989년에 조사해 보니 13%의 머릿속 목표를 가지고 있던 졸업생들은 목표가 없던 84%의 사람들과 비교해서 두 배의 연봉을 받고 있었다. 3%의 기록한 목표를 가졌던 졸업생들은 나머지 97%의 사람들보다 10배의 연봉을 받고 있었다고 한다.

1973년에 예일대학교 법대를 졸업한 사람이 있다. 그 해에 있었던 20년 전 선배들을 대상으로 하는 조사를 알고 있었는지는 모르겠으나 그는 빌 클린턴 미국 전 대통령이다. 그는 자신의 회고록에서 이야기한다. 대학을 졸업한 직후 평소 즐겨 읽던 소설과 역사책을 잠시 덮어두고 엘런 라킨이 쓴 자기계발서 「시간을 지배하는 절대법칙」(디앤씨미디어 펴냄, 2005)을 읽었다. 그리 두껍지도 않고 복잡하지도 않은 책이었다. 단기, 중기, 장기의 인생 목표를 나열한 다음, 중요도에 따라 A그룹에 가장 중요한 것, B그룹에 다음으로 중요한 것, C그룹에 마시막 목표들을 집어넣고 그것을 달성하기 위한 구체적인 행동을 적어 넣으라는 내용이었다. 적어 보는 것이 중요했는데, 클린턴은 그렇게 자신의 인생 목표들을 적었다. 그의 회고록에서 클린턴은 이사를 많이 다녔지만 아직도 그 책이 집안 어디엔가 있고, 그 책에서 시키는 대로 그때 인생 목표를 적은 종이도 어딘가에 있다고 했다.

대학을 막 졸업한 젊은 클린턴은 자신의 미래에 대한 포부를 뭐라고 적었을까? 초등학교 시절부터 공언하고 다녔던 목표인 '미합중국의 대통령 되기'를 적었다. 그리고 청소년 시절에는 소년단 활동을 하면서 케네디 대통령을 만났는데, 그 사진을 늘 책상 앞에 붙여놓고 보면서 백악관의 주인이 되는 꿈을 꾸었다. 미국 대통령이 되기 위해 먼저 주지사가 되겠다고 목표를 정하고 노력했다. 결국 그는 서른두 살에 당시 미국 역사상 최연소로 아칸소 주 주지사에 당선되었고, 마흔여섯 살에 미국 대통령에 올랐으며, 재선 대통령이 되기도 했다. 지금은 전직 대통령으로 의미 있는 활동을 하고 있다.

빌 클린턴은 어려운 가정 형편으로 초등학교 때부터 신문배달을 했다. 그런데 빌 클린턴은 운동을 좋아했다. 운동을 하러 갈 때면 동생들을 자전거에 태우고 운동장에 가서 동생들을 잔디에 앉히고 돌보았다고 한다. 어머니가 간호사였기 때문에 집을 비울 수밖에 없어서 동생들 돌보는 것은 클린턴이 할 일이었기 때문이다. 클린턴의 좌우명은 "어떤 상황에서도 포기하지 않는다"는 것이었다. 물론 우리는 전 세계를 떠들썩하게 했던 클린턴의 섹스 스캔들을 잘 알고 있다. 그의 과오는 과오대로 평가하며 타산지석을 삼고, 그가 어려움을 이겨내고 성취를 이룬 일은 긍정적으로 평가하며 우리에게 유익한 교훈을 얻을 수 있어야 한다.

리더십 분야에서 수많은 세미나를 열고 활동한 존 맥스웰 목사가 말한다. "우리 가운데 95%는 자신의 인생 목표를 글로 적어본 적이 없다. 글로 적어본 5%의 사람들 중 95%가 자신의 목표를 성취했다." 결국 맥스웰 목사도 적는 것을 강조한다. 목표를 적어보는 것은 꼭 한 번 시도해보기를 바란다. 물론 적어놓기만 하면 마법처럼 목표가 이루어지는 것은 아니다. 적어놓고 자주 보고 수정하면서 이미지화하고 생각하는 것을 반복하며 목표를 이룰 수 있는 기회를 얻는 것이다. 우리 크리스천들은 목표를 적어놓고 계속 기도하면서 하나님이 주시는 지혜와 힘을 구할 수 있지 않은가? 목표를 적어 놓으면 여러모로 유익하다.

우리 시대의 탁월한 경영학자였던 피터 드러커가 자기실현에 관해 쓴 「프로페셔널의 조건」(청림출판 펴냄, 2001)에서 자신의 인생을 바꾼 7가지 지적 경험을 이야기한다. 그중 비전과 목표에 관한 한 이야기가 인상적이다.

오스트리아에서 태어난 드러커는 독일 함부르크에 있는 면제품 수출회사에 견습생으로 입사했다. 그때 그의 나이는 열여덟 살도 안 되었다. 아버지는 공무원, 교수, 변호사, 의사들을 배출한 가계 직업군을 자랑스러워하면서 아들이 대학생이 되기를 바라셨다. 그런데 드러커는 일이 하고 싶었다고 한다. 그래도 아버지가 신경 쓰여 함부르크대학교 법과대학에 등록을 해놓고도 계속 일할 수 있었다. 오전 일곱 시 반에 출근해서 오후 네 시까지 일했기에 시간이 남았다. 일과 후의 시간을 주로 시립도서관에서 보냈는데, 대학생은 얼마든지 책을 빌려볼 수 있었다. 15개월 동안 독일어와 영어, 프랑스어로 된 책을 읽고 또 읽었다.

그리고 일주일에 한 번씩 오페라를 관람했는데, 당시 함부르크는 수준 높은 오페라가 열리는 도시였다. 돈은 없었는데 대학생은 극장 앞에 기다리고 있으면 막이 오르기 10분 전까지 팔리지 않은 가장 값싼 좌석을 무료로 받을 수 있었다. 어느 날 베르디의 오페라를 보게 되었는데, 1901년에 세상을 떠난 베르디가 1893년에 작곡한 오페라 〈폴스타프〉였다. 지금은 인기 있는 오페라인데, 당시 1920년대에는 너무 어려워서 잘 연주되지 않았다. 그런데 드러커가 그 오페라에 완전히 빠졌다.

돌아와서 자료를 찾아보니 그 곡 〈폴스타프〉는 베르디가 여든 살에 작곡한 곡이었다. 당시 건강한 사람의 평균수명이 50세 정도였기에 80세란 나이는 흔한 나이가 아니었다. 왜 그 나이에, 이미 유명한 사람이 그렇게도 어렵고 열정적인 곡을 작곡했는지 궁금했다. 자료를 보니 한 인터뷰에서 그런 질문을 받고 베르디가 이렇게 말했다. "음악가로서 나는 일생 동안 완벽을 추구해 왔습니다. 완벽하게 작곡하려고 애썼지만 하나의 작품이 완성될 때마다 늘 아쉬움이 남았습니다. 그 때문에 나에게는 분명 한 번 더 도전해 볼 의무가 있다고 생각합니다."

드러커는 평생 베르디의 이 말을 잊은 적이 없었다고 한다. 열여덟 살에 여든 살의 노인이 했던 말을 마음으로 듣고 평생 깊이 새겼다. 나이를 먹게 되어도 포기하지 않고 계속 정진하겠다고 마음먹었다.

베르디의 말은 인생 말년에 감옥 안에서 했던 사도 바울의 고백과 비슷하다. "내가 이미 얻었다 함도 아니요 온전히 이루었다 함도 아니라. 오직 내가 그리스도 예수께 잡힌 바 된 그것을 잡으려고 달려가노라"(빌 3:12). 평생 자신을 구원하신 예수 그리스도를 위해 살아왔고, 남은 생애도 달려갈 것이라고, 여전히 진행형인 인생 목표와 비전을 바울은 분명하게 증언하고 있다. 비전을 가진 사람은 이렇게 목표를 정하고 그 목표를 이루기 위해 노력하는 사람이다.

꿈을 실현하기 위한 실천에 집중하라

"아는 것이 힘이다"라는 격언이 있다. 그런데 오늘날 우리에게는 정보가 너무 많은 것이 문제이다. 배움에는 끝이 없긴 하지만 가만히 따져 생각해 보면 몰라서 못하기보다는 알고도 하지 않는 경우가 더 많다. 인생에서 비전이 중요하고 목표가 인생의 방향을 잡아주는 것이 틀림없지만 실행이 없는 비전은 비극이다. 참된 비전을 가지고 있다면 실행하게 되어 있다. 결국 지식과 행동의 간격을 좁히는 과정이 필요하다.

성경에는 "행하라"는 말씀이 참 많이 나온다. 구약성경뿐만 아니라 신약성경에서도 자주 "행하라"고 강조하고 있다. 예수님이 주신 주옥같은 삶의 교훈, 즉 산상수훈(마태복음 5-7장)의 결론도 열매로 사람을 알 수 있다는 것이다. 예수님의 말씀을 듣고 행하는 자는 든든한 기초 위에 집을 지은 사람과 같고, 행하지 않는 자는 모래 위에 집을 지은 어리석은 사람과 같다고 비유하면서 산상수훈의 위대한 말씀을 결론짓고 있다.

본래 기독교의 핵심은 행함이 아니라 은혜로, 선물로 구원받는 것인데도 이렇게 행하라고 반복해서 강조하신 것은 어떤 의미일까? 물론 착한 일을 한다고 해서 구원받는 것은 아니다. 기독교에서 말하는 참된 구원은 행위를 통한 구원이 아니다. 하지만 은혜로 구원을 받은 사람은 행하게 되어 있다. 사도 바울도 이렇게 교훈한다. "너희가 전에는 어둠이더니 이제는 주 안에서 빛이라. 빛의 자녀들처럼 행하라"(엡 5:8).

1517년 10월 31일, 가톨릭에 반대해 루터가 비텐베르크 성당에 95개조 반박문을 붙인 이래 16세기는 '종교개혁의 세기'였다. 루터와 츠빙글리, 칼뱅 등의 종교개혁으로 중세의 암흑기

천 년을 보낸 유럽이 온통 들끓었다. 그런데 16세기에 또 다른 종교개혁자들이 있었다. 아나뱁티스트(Anabaptist)이다. 흔히 '재세례파' 혹은 '재침례파'로 불리던 그들은 가톨릭과 개혁교회 양쪽의 박해를 받아 200년 동안 4천 명이 순교했다. 이들과 종교개혁자들 간의 갈등을 살펴보면 진정한 행함에 대한 교훈을 얻을 수 있다.

아나뱁티스트들은 유아세례를 거부했다. 국가교회에서 의무적으로 유아세례를 받고 신앙의 고백과 삶에 대해서는 아예 간섭도 하지 않는 가톨릭의 세례 제도를 분명하게 거부했던 것을 알 수 있다. 그들이 정의하는 '세례'란 전통적 의미의 성례전이 아니라 순종하는 제자의 삶의 상징이었다. 세례받은 그리스도인들은 그리스도께서 가셨던 길을 걷는 제자도(discipleship)를 실천해야만 했다. 이 제자도의 실천 훈련이 바로 아나뱁티스트의 소명이었다. 아나뱁티스트 지도자인 메노 시몬스가 루터교인들의 모습에 대해 비판했다. 맥주와 포도주를 한껏 마셔 술에 취한 코와 입술로 사냥꾼의 올무에서 벗어났다는 시편을 읊기만 하면 엄지손가락을 치켜들고 복음적인 귀한 형제라고 추켜세우는 것이 과연 타당한 것인가?

루터 자신도 이런 현실에 대해 안타까워했다. 성경적인 새로운 교회를 세웠지만 사람들에게 영적으로나 도덕적으로 더 나은 모습을 가져다주지 못했다는 사실을 시인했다. 아나뱁티스트들은 박해받고 순교하면서도 세상 속 크리스천으로 모범적이며 탁월한 삶을 살았는데, 심지어 적대자들도 인정했다. 스위스 취리히의 종교개혁자 울리히 츠빙글리는 재세례파의 분파 독립을 촉발했던 사람으로 재세례파에 대해 적대적이었으나 이런 기록을 남기고 있다. "만약 여러분이 아나뱁티스트 신자들의 삶과 행위를 조사한다면 우선 나무랄 데 없고, 경건하며, 겸손하여 이 세상 누구보다도 그 삶에 매력을 느끼게 하는 사람들이라는 사실을 알게 될 것입니다. 그들을 비방하는 사람들조차도 그들의 삶이 훌륭하다는 사실을 알게 될 것입니다."

가톨릭 사제로 아나뱁티스트를 비난한 책들을 쓰기도 했던 크리스토퍼 피셔는 아나뱁티스트 신자가 영지 관리인으로 인기가 좋고 높은 직책에 고용되어 다른 그리스도인들보다 더 많은 급여를 받는 것을 개탄했다. 어떤 영주들은 아나뱁티스트 신자에게는 회계를 요구하지 않을 정도로 신임한다고 했다. 다른 그리스도인들, 즉 가톨릭교회와 개혁파교회의 신자들은 아나뱁티스트들같이 그렇게 신실하고 믿음직스럽지 않다고 한탄했다. 영주들이 아나뱁티스트들을 고용하는 것은 당연하다고 말할 정도였다(윌리엄 에스텝 지음, 「재침례교의 역사」, 요단 퍼냄, 1993, 169쪽). 아나뱁티스트들은 "영혼 없는 몸이 죽은 것같이 행함이 없는 믿음은 죽은 것이니라"(약 2:26)는 야고보서의 말씀을 실제로 보여준 사람들이었다.

아는 것과 행동하는 것이 일치하지 않아 고민을 한 사람이 있다. 「칭찬은 고래도 춤추게 한다」라는 책으로 유명한 켄 블랜차드이다. 그가 친구와 대화를 하다가 "네가 강의하고 가르친 것이 어느 정도 그 사람들에게 실행되고 있는 것 같니?"라는 질문을 받고 문제의식을 느꼈다. 그래서 켄 블랜차드는 성공동기연구소(SMI)의 설립자 폴 마이어 박사와 함께 「춤추는 고래의 실천(Know Can Do)」(청림출판 펴냄, 2009)이라는 책을 썼다. 이 책에서 말하는 실행과 실천의 문제를 생각해보자.

오늘날 현대 직장인들이 배운 것을 실천하지 못하는 이유가 무엇인가? 켄 블랜차드는 첫 번째 이유로 정보가 많기 때문이라고 지적한다. 그럼 어떻게 하면 실행할 수 있을까? 중요한 것을 반복하는 것이다. 그래서 지식의 변화를 추구해야 한다. 우리는 여러 매체를 통해 많은 정보를 얻지만 그 가운데 중요한 것, 즉 초점을 맞추는 것을 찾아야 한다.

그리고 선택한 것을 반복해 숙지해야 한다. 그저 막연히 반복하는 것이 아니라 주기적으로 반복하는 것이 필요하다. 광고가 지속적으로 시행하는 반복의 전략처럼 실천을 위해서는 중요한 원리를 반복해 숙지하는 노력이 필요하다. 사람들은 자주 잊어버린다. 들을 때 고개를 끄덕거려도 세 시간이 지나면 50%밖에 기억하지 못한다. 하루가 지나면 그나마 또 절반을 잊어버린다. 한 달 후에는 5%밖에 기억하지 못한다고 한다. 따라서 우리가 실행을 자주 반복해야 할 이유는 분명하다.

다음으로 우리가 좋은 정보와 지식을 듣고도 그것을 실행하지 못하는 두 번째 이유는 안 좋은 방향으로 생각하기 때문이다. 우리는 부정적으로 생각하는 경우가 많다. 어떤 일에 대해서 들으면 먼저 안 되는 이유가 떠오르는 것이 보통이다. 하지만 많은 사람들이 그렇게 부정적으로 기울지만 모든 사람이 그런 것은 아니다. 긍정적 평가와 부정적 평가 중 어느 쪽으로 기울어질지는 전적으로 자신이 선택할 문제이다.

그런데 긍정적인 마음을 가지면 달라진다. 일단 긍정을 하고 경청하면 '가능성 사고'가 시작된다. 처음엔 막막한데 점점 가능하게 할 수 있는 아이디어가 떠오르기 시작하는 것이다. 처음엔 탁상공론 같은데, 마음속에 그림이 그려진다. 어떻게 그렇게 되는 것인가? 긍정적인 마음을 가지면 믿어지기 때문이다. "믿음은 바라는 것들의 실상이요 보이지 않는 것들의 증거니"(히 11:1)라고 히브리서 기자가 단호하게 '믿음장'을 시작하지 않는가? 지금은 보이지 않지만 결국 실체가 된 증거가 있고, 그것을 바라보는 것이 바로 믿음이다. 그래서 믿음은 긍정이다. 예수님

안에서 얼마든지 '예스'가 되는 힘이다(고후 1:20). 내가 아니라 주님이 하시기 때문이다. 세상의 긍정과 다른 우리 크리스천의 긍정이 가진 특징은 능력을 주시는 분 예수 그리스도 안에서 모든 것이 가능하다는 것이다(빌 4:13). 예수님의 뜻에 따라 아닌 것은 아니고 되는 것은 힘들어도 되는 것이 바로 우리의 긍정적 사고방식의 근거이다.

이렇게 긍정적인 사고를 가지고 한 여섯 번 정도 반복하게 되면 거부하던 마음에서 동화되는 마음으로 바뀔 수 있다고 한다. 처음에 극렬하게 반대하던 사람도 극렬 찬성론자로 바뀔 수 있다. 일종의 '세뇌'라고도 할 수 있다. 이단종파 사람들이나 공산주의자들이 잘못된 내용을 가지고도 이 반복의 방법을 사용해 성공을 거둔 것을 우리는 알고 있다. 하물며 우리가 가진 옳은 내용을 가지고 얼마든지 제대로 할 수 있지 않겠는가? 이렇게 긍정적으로 생각하면 뭔가 달라질 수 있다.

피해의식을 가지고 세상을 사는 사람들이 많다. 나만 억울한 것이다. 세상이 나를 못 잡아먹어서 난리라는 생각을 한다. 그런데 역(逆) 피해의식이 있다. 세상이 나를 위해 좋은 일을 꾸미고 있다고 믿는 것이다. 난 안 하려고 해도 자꾸 잘된다고 생각할 수 있다면 어떤 일이 벌어질까? 세상이 나를 그렇게 잘되도록 만든다. 실제로 그런 게 아니라 그런 기대를 갖는 것인데, 기특한 의식이 아닐 수 없다. 역 피해의식을 아는 사람은 자다가도 일어나서 웃는다. 피해의식과 역 피해의식, 둘 중에 하나를 선택한다면 어떤 것을 택하겠는가? 피해의식에 사로잡혀 늘 억울할 것인가? 아니면 세상의 지원과 호의를 받는다고 느끼면서 웃고 살겠는가?

우리가 회의를 할 때도 긍정적으로 할 수 있다. 어떤 이야기가 나오면 무조건 '빨간불'부터 켜지 마라. 안 되는 이유를 이것저것 제시하려고 하지 말고 '파란불' 사고를 먼저 해보라. 파란불 사고는 찬성하는 역할, 무조건 찬성하는 긍정의 역할을 먼저 보이는 것이다. 그렇게 연습해 보는 노력이 필요하다. 그리고 다음에 '노란불', 신중하게 생각해 보라는 의견을 내보는 것이다. 이렇게 파란불을 의도적으로 먼저 생각하는 일이 습관이 되면, 빨간불을 켤 생각이 안 든다고 한다. 하지 못할 이유도 없고 안 될 가능성은 생각하기도 싫은 기특한 지경에 빠지게 되는 것이다.

실행하지 못하는 세 번째 이유는 계속 추진하려는 의지가 부족하기 때문이다. 사후관리가 부족하여 제대로 실천하지 못하는 경우가 많다. 이를 위해 훈련 시스템으로 지속하는 것이 중요하다. 그래서 행동의 변화를 모색해야 한다. 이것은 개인뿐만 아니라 회사의 조직과 시스템에 관계된 문제이기도 하다. 회사

안에 선배가 후배를 교육하고 관리하는 프로그램이 있는 경우 적극적으로 활용할 수 있다. 그런 시스템이 갖추어져 있지 않더라도 나름대로 사후관리를 위해 스스로 노력해 볼 수 있다.

어떻게 할 수 있는가? 작심삼일을 반복하는 것이다. 무언가 결심하고 나면 처음에는 긴장해서 그 일을 하려고 노력하지 않는가? 노력하다가 며칠 시간이 지나 안 되면 다시 작심을 하는 것이다. 단 이 모든 과정에서 적어보는 것이 중요하다. 목표한 것도 적고 제대로 하지 못한 것도 적어놓고 평가해보면 두 번째 작심삼일은 첫 번째 작심삼일보다 진일보할 수 있다. 기억으로만 하려 하지 않고 기록으로 하면 우리는 작심삼일이라는 효과의 열매를 거둘 수 있다.

사도 바울이 말한다. "너희가 어떻게 행할지를 자세히 주의하여 지혜 없는 자같이 하지 말고 오직 지혜 있는 자같이 하여 세월을 아끼라. 때가 악하니라"(엡 5:15-16). 여기서 "세월을 아끼라"는 표현은 그리스어로 "기회를 사라"는 뜻이다. 우리는 인생의 기회를 적극적으로 만들어가야 한다. 내가 만들지 않으면 누가 만들어주지 않는다. 우리 직장인들이 기회를 살려야 할 부분은 시간관리나 일정관리와 같은 시간테크를 통해 자기계발을 하는 것이다. 그리고 궁극적으로 우리 인생의 방향이 어느 쪽인가, 내 인생의 목적은 과연 무엇인가 방향을 설정하는 인생테크의 기회도 잘 살려야 한다. 아파트 하나 마련하고, 자식 교육을 잘 시키고, 퇴직해서 노후를 즐기는 것이 우리 인생의 궁극적인 목적은 아니지 않은가? 하나님이 주신 기회들을 적극적으로 활용하면서 인생의 비전을 성취하기 위해 노력하자.

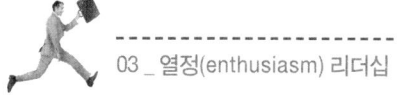

03 _ 열정(enthusiasm) 리더십

하나님을 향한 사랑의 용기

"눈에 보이는 것이 없다"는 말을 종종 들을 수 있다. 무턱대고 설치는 사람이 그렇게 물불을 가리지 않는다. 누군가를 사랑하는 사람도 눈에 보이는 것이 없다. 열성석으로 사랑하면 배가 고픈지 모르는 때도 있다. 이것은 과학적으로도 설명이 된다. 사랑을 하면 세포의 활동이 활발해지기 때문이다. 세포의 핵을 싸고 있는 전자가 돌아가는 회전 속도가 빨라져서 얼굴 표정에서도 쉽게 드러난다. 그러니 사랑을 해 본 사람이 골리앗을 맞서 싸울 때 배짱 믿음을 가지고 목숨을 걸었던 다윗의 열정을 이해하기 쉬울 것 같다. 다윗이 하나님을 향해 보여주었던 사랑의 열정을 살펴보자.

배짱 믿음으로 목숨 걸고 하나님을 사랑하라

1501년 8월, 이탈리아 피렌체의 양모를 취급하는 한 상업 길드가 한 조각가에게 작품을 주문하면서 대리석 덩어리를 주었다. 그 대리석은 40년 전에 아고스티노 디 두치오라는 조각가가 예언자 상을 만들려다가 실패한 후 방치되어 온 것이었다. 5미터가 넘는 거대한 대리석이었는데, 결이 좋지 않은 단점을 가지고 있었다. 전해오는 말에 의하면 당시 스물여섯 살이었던 그 조각가는 석 달 동안 하루도 빠짐없이 날마다 그 대리석 덩어리 앞에 와서 이곳저곳을 바라보았다고 한다. 그렇게 대리석을 바라보던 조각가는 날이 저물 무렵이면 집으로 돌아갔고, 다음 날 아침에 또다시 나타나서 똑같은 행동을 반복했다. 그 모습을 지켜보는 사람들은 당혹스러웠다.

하루는 한 사람이 그 조각가에게 물었다.

"뭘 하는 거요?"

그러자 그 조각가가 대답했다.

"일하고 있소."

과연 그 조각가는 무슨 일을 하고 있었던 것일까?(마크 드모스 지음, 「CEO, 솔로몬을 만나다」, 비전과 리더십 펴냄, 2008. 58쪽).

다윗과는 전혀 연관 없어 보이는 이 이야기를 마음 한쪽에 두고 먼저 다윗을 생각해보자. 다윗이 골리앗을 맞서 싸운 이야기는 교회에 나오지 않는 사람들이라도 거의 알고 있다. 하지만 이 사건은 삼국지와 같은 전쟁 이야기에 나오는 영웅담만은 아니다. 직업인들에게 중요한 리더십 덕목인 '열정'을 잘 보여준다.

집에서 기르는 양떼를 돌보는 책임을 지고 있으면서 왕의 악사 겸 비서로 출퇴근하는 직장생활을 했던 다윗은 비교적 젊은 나이였다. 그 무렵 블레셋과 전쟁이 있었을 때 참전하지 않은 것을 보면 아직 이십대가 되지 않은 십대 후반의 나이였을 가능성이 높다. 아직 '정규직' 직업도 갖지 못한 상태였고, 좀 후하게 평가해도 '신입사원'에 해당되는 젊은이였다. 이 젊은 다윗이 가진 열정이 어떤 것이었는지 분석해 볼 필요가 있다.

일단 다윗은 바람직한 안목을 가지고 있었다. 다윗은 이스라엘을 침범한 블레셋의 장수 골리앗을 여러 날 지켜보았다. 함께 싸울 장수가 나오라고 하면서 40일간 아침저녁으로 나와서 설치는 골리앗을 다윗은 제대로 파악하고 있었다. 사울 왕이나 이스라엘 백성들은 골리앗을 제대로 볼 줄 몰랐다. 전쟁터에 나가 있던 이스라엘의 모든 군인은 골리앗을 보고 심히 두려워하여 도망했다고 성경은 기록한다. 골리앗이 하나님을 모욕하는 망발과 욕설만을 듣고도 그저 두려워하기만 했다. 또한 고대 사회에서 국가 간의 전투에서는 흔히 장수들끼리 먼저 싸웠던 것을 생각하면 골리앗과 당연히 맞서야 할 사울 왕조차 나서지 않았다. 그저 골리앗을 죽이는 자가 있으면 많은 상을 주고 공주와 결혼시키겠다는 포상만 내세울 뿐이었다.

그러나 다윗은 달랐다. 하나님을 모욕하는 적의 장수를 보고 거룩한 분노를 표현했다. 할례도 받지 못한 짐승 같은 녀석이 하나님을 모욕한다면서 분노했다. 다윗이 사울 왕 앞에 가서 하는 말을 들어보면 그가 매우 중요한 믿음을 가지고 있었음을 알 수 있다. 다윗은 골리앗을 자기가 양을 치면서 쳐 죽인 짐승들과 같이 보았다. "주의 종이 사자와 곰도 쳤은즉 살아 계시는 하나님의 군대를 모욕한 이 할례받지 않은 블레셋 사람이리이까. 그가 그 짐승의 하나와 같이 되리이다"(삼상 17:36).

그렇다고 다윗이 골리앗을 아무 힘도 없는 무능한 존재로 과소평가한 것은 아니었다. 양떼에서 새끼를 잡아채 가던 짐승들과 같은 존재로 보았다. 하지만 다윗은 하나님이 도우셔서 맹수를 이길 수 있었다고 담대히 말한다. "여호와께서 나를 사자의 발톱과 곰의 발톱에서 건져내셨은즉 나를 이 블레셋 사람의 손에서도 건져내시리이다"(삼상 17:37). 그 하나님이 골리앗의 손에서도 능히 건져내실 줄을 다윗은 확신했다.

다윗은 사울 왕의 허락을 받고 골리앗과 싸우러 나가면서 사울 왕이 준 군복과 투구와 갑옷, 칼은 익숙하지 못하다는 이유로 마다했다. 대신 다윗은 막대기와 물매, 그리고 물맷돌을 들고 골리앗을 맞서 싸우러 나갔다. 이것은 하나님을 향한 믿음을 가진 다윗의 언행일치를 보여주는 것이다. 골리앗을 짐승으로 여기고 있던 대로 목자들이 양을 칠 때 쓰는 도구인 막대기와 물매를 들고 나갔다. 골리앗을 향해 자신감을 가졌기에 다윗의 말과 행동은 이렇게 일치할 수 있었다.

사람들은 흔히 세상을 향한 믿음을 가지고 있다고 하면서 세상이 사용하는 방법을 그대로 사용하려고 한다. 세상 사람들이 사용하는 편법도 그대로 사용하면서 하나님이 원하시는 길을 포기하기도 한다. 그러나 다윗은 오직 하나님만을 의지하면서 골리앗과 맞서 싸우는 전투에 임했다. 그것을 보여주는 분명한 증거가 있다. 다윗은 골리앗을 맞서기 위해 시냇가에 가서 물맷돌을 다섯 개 준비했다. 왜 하필 다섯 개였는가?

사무엘상 17장에 기록된 전쟁은 전면전이었다. 사무엘상 17장 1절과 8절에서 묘사하는 블레셋 '군대'와 이스라엘 '군대'는 한 국가의 정규군을 말하는 용어이다. 이스라엘 진영에는 사울 왕도 참전해 있었으니 국가의 명운을 걸고 맞붙은 전쟁이었다. 이런 상황이니 2장에서 살펴본 대로 사무엘하 21장 15~22절에 나오는 거인족 다섯 장수들이 다 참전했을 것이다. 골리앗과 맞선 다윗은 골리앗의 뒤에서 각 부대를 이끌고 서 있는 거인 장수 네 명도 보았다. 거인들이니 더욱 잘 보였을 것이다.

그렇다면 도대체 다윗에게는 목숨이 몇 개나 되었단 말인가? 혼자서 블레셋의 다섯 거인 장수들을 다 맞서 싸울 수 있으리라고 생각한 다윗의 용기는 도대체 어떤 용기인가? 그야말로 배짱 믿음이었다. 하나님을 사랑하는 열정이 이런 담대한 용기를 낳았다. 앞에서 이야기한대로 사랑하면 용감해진다. 사랑에 눈이 먼 사람을 어떻게 말리겠는가!

다윗은 하나님을 얼마나 사랑했는지 골리앗이 하나님을 모욕하는 말을 듣고 못 참았다. 하나님을 욕하는 골리앗을 맞받아 다윗이 담대한 '선전포고'를 했다(삼상 17:45-47). 그 선전포고 속에 다윗의 배짱 믿음이 고스란히 들어 있다. 그의 우렁찬 목소리를 들어보자.

"너는 칼과 창과 단창으로 내게 나아 오거니와 나는 만군의 여호와의 이름 곧 네가 모욕하는 이스라엘 군대의 하나님의 이름으로 네게 나아가노라. 오늘 여호와께서 너를 내 손에 넘기시리니 내가 너를 쳐서 네 목을 베고 블레셋 군대의 시체를 오늘 공중의 새와 땅의 들짐승에게 주어 온 땅으로 이스라엘에 하나님이 계신 줄 알게 하겠고 또 여호와의 구원하심이 칼과 창에 있지 아니함을 이 무리에게 알게 하리라. 전쟁은 여호와께 속한 것인즉 그가 너희를 우리 손에 넘기시리라"(삼상 17:45-47).

다윗의 이 용기가 마음에 부딪혀 오는가? 실감이 나는가? 나는 교회에 다니지 않는 직장인들에게 매주 한 번 이상 씩 설교하는 기회를 20년쯤 가져오고 있는데, 그들에게 이 다윗과 골리앗에 대한 설교를 자주 했다. 그런데 나 자신에게 다윗의 용기가 마음에 부딪혀오지 않았다. 그러다가 전에 언젠가 사무실에 있는 강의가 녹음된 테이프를 정리하다가 지금도 기독교 치유 상담사역을 하는 정태기 박사의 강의를 우연히 듣게 되었다.

정태기 박사가 미국에 가서 꿈에 대해 연구할 때 한 분의 식사 초청을 받았다. 경남 충무(통영)에서 호텔업을 하다가 미국에 가서도 사업을 하던 강 집사의 초대를 받았다. 사냥을 다녀왔다면서 식사에 초대한 것이었다. 가서 보니 곰 고기와 사슴 고기가 있었는데, 정 박사는 전에도 그 집에서 맛본 적이 있는 고기들이었다. 그런데 전에 먹어본 적이 없는 고기가 상에 올라왔는데, 바로 호랑이 고기였다. 호랑이 고기가 육질이 부드럽고 매우 맛이 좋았다고 한다.

식사를 마친 후 거실에서 비디오를 보며 호랑이를 잡은 이야기를 듣게 되었다. 강 집사의 형제가 키우던 두 마리 사냥개들과 함께 눈이 많이 온 날 사냥을 나갔는데, 커다란 짐승의 발자

국이 나 있고 호랑이 포효가 들렸다는 것이다. 개들이 놀랄 줄 알았으나 생각과 다르게 호랑이 소리가 나는 쪽으로 달려갔다. 이어 개들이 짖는 소리와 호랑이 포효하는 소리가 골짜기에서 쩌렁쩌렁 울려왔다고 한다.

강 집사 형제는 총을 고쳐 잡고 호랑이의 발자국을 따라서 천천히 가고 있었다. 촬영하던 비디오는 거기서 끝나 있었다. 그다음 이야기를 들으니 개들이 주인들을 부르는 신호를 내며 짖었다고 한다. 개들이 사정없이 짖어대고 있는 쪽으로 가보니 나무 밑에서 뱅뱅 돌며 개들이 나무 위를 향해 짖고 있었다. 처음에는 호랑이를 볼 수 없었다고 한다.

가까이 가서 나무 위를 올려다본 두 사람은 소스라치게 놀랐다. 바로 그 나무 위에 커다란 호랑이가 올라가 웅크리고 있었고, 사냥개들은 나무 아래서 호랑이를 향해 짖으면서 꼼짝 못하게 압도하고 있었다. 그래서 강 집사는 나무 위에 있는 호랑이를 총으로 쏘아서 떨어뜨렸다. 그야말로 황소만한 호랑이였다는 것이다. 강 집사는 죽은 호랑이의 사진이 보도된 지역 신문도 보여주었다.

정태기 박사는 심리학을 전공한 학자로서 가만히 심리적 분석을 해보았다. 먼저 호랑이의 심리상태를 분석했다. 그 호랑이는 자기가 지금껏 큰 소리로 포효하거나 저주파로 으르렁거리면 꼬리를 감추고 달아나지 않은 짐승이나 사람이 없었다. 그런데 그 사냥개들은 사정없이 덤벼드는 것이었다. 그러니 호랑이가 순간적으로 당황했을 것이고 기선을 제압당해 나무 위로 몰리는 수모를 겪었을 것이다. 나중에 강 집사 형제가 사냥개들을 살펴보니 몸에 상처가 하나도 없었다고 한다. 호랑이가 사냥개들을 전혀 건드리지도 못하고 나무 위로 피해 올라간 것이었다.

그리고 사냥개들의 심리상태 분석이다. 강 집사의 사냥개들은 지난 5년 동안 주인들과 함께 사냥을 나가서 쓰러뜨리지 못한 사냥감이 없었다. 주인들과 함께라면 언제나 사냥감들을 제압해왔다는 것이다. 그러니 덩치가 좀 크고 무늬도 징그럽고 전에 만나본 적이 없어서 낯설긴 하지만 커다란 호랑이 앞에서도 기죽지 않고 사정없이 덤볐을 것이다. 결국 용기 있는 사냥개들이 호랑이를 나무 위로 몰아붙일 수 있었다.

강의 테이프를 들으면서 바로 이 부분에서 전광석화와 같이 나의 뇌리를 때리는 느낌이 있었다. 이 사냥개들의 심리상태가 바로 다윗이 가졌던 생각과 비슷하다는 것이었다. 다윗은 하나님이 함께하셔서 맹수들을 물리쳐 이긴 경험을 이미 가지고 있었다. 사자와 곰의 아가리에서 새끼 양들을 빼앗아왔던 내공이 이미 다윗에게 있었다. 다윗은 골리앗을, 자기가 양을 돌보면서 쳐 죽인 맹수들과 같은 존재로 보았다. 다윗이 가졌던 배짱 밑음은 전에 하나님이 함께하셔서 맹수들을 물리쳐 이긴 내공이었다. 바로 그 믿음을 가지고 다윗은 배짱 있게 새로운 적, 짐승과 하나도 다를 바 없는 골리앗과 담대히 맞설 수 있었던 것이다. 이렇게 다윗이 하나님을 사랑하면서 보여준 열정이 위대한 역사를 만들었다.

처음에 소개한 그 조각가, 3개월 동안 대리석 덩어리를 바라보고 있던 사람의 이름은 미켈란젤로였다. 그 거장이 만든 작품은 바로 〈다비드 상〉이다. 2년 가까운 기간 동안 돌을 쳐내고 윤곽을 잡는 일을 하고, 또 그 기간만큼 다듬어서 3년여 만에 5미터 49센티미터에 이르는 거대한 다윗의 조각상을 만들었다. 나체의 젊은이 다윗을 조각했는데, 복근과 가슴 근육이 단단하다. 돌팔매를 던지기 위해 긴장한 상태로 왼쪽을 응시하고 있는 젊은 다윗의 모습을 담았다. 다윗의 열정이 고스란히 담겨 있는 시대의 걸작은 그렇게 탄생했다.

다비드 상을 공개한 후, 그 같은 걸작을 어떻게 만들 수 있었느냐는 질문에 미켈란젤로는 이렇게 대답했다. "나는 대리석에서 완벽하고 완전한 다비드 상을 보았고, 다비드 상이 아닌 부분만을 없앴을 뿐입니다."

"당신은 뭘 하고 있는 겁니까?"라는 질문에 "나는 지금 일을 하고 있습니다"라고 대답했던 미켈란젤로가 무엇을 했는지 우리는 알고 있다. 그는 3개월 동안이나 다윗의 믿음과 사랑과 열정을 생각했다. 작은 화분을 만들어도 주님이 일하시듯 하려고 했던 미켈란젤로가 만든 다비드 상에 하나님을 사랑하는 다윗의 용기와 열정이 고스란히 담겨 있다.

하나님을 사랑하는 자, 열정으로 일하라

다윗이 골리앗과 맞서 싸워 승리한 일은 소설이 아닌 현실이었다. 다윗에게는 하나님을 자기 목숨보다 사랑하는 믿음이 있었다. 하나님이 광야에서 맹수들과 싸워 이기게 하신 것처럼 하나님을 모욕하는 짐승 같은 골리앗과 싸워도 이기게 해주실 것이라는 배짱 믿음을 가지고 있었다. 그런데 다윗이 믿음만 가지고 골리앗을 이긴 것은 아니었다. 하나님을 사랑하는 믿음을 가진 그는 열정적으로 어린 시절을 보내면서 준비를 했다. 물매를 가지고 한 방에 거인 장수를 쓰러뜨렸다는 것은 다윗이 평소에 물매를 던지는 기술 익히기에 전심전력했음을 알 수 있다. 다윗이 골리앗을 쓰러뜨리는 장면을 자세히 살펴보자.

한바탕 상대를 제압하기 위한 설전을 벌인 후에 접근하여 싸움이 시작되었다. 다윗은 골리앗이 가까이 올 때 먼저 빨리 달려서 골리앗에게 접근했다. 그런데 달려가면 조준하기가 쉽지 않다. 빨리 달렸으니 더욱 힘들었을 것이다. 그러나 상대의 공격도 피하면서 가까이 접근하여 물매를 사용하기 위해 달려갔을 것이다. 그리고 다윗은 골리앗의 이마를 향해 던졌다. 빨리 달리면서도 달려오는 적의 이마를 정확히 맞출 정도로 다윗의 물매 던지는 실력은 대단했다. 또한 물맷돌이 날아가는 속력이 얼마나 대단했는지 골리앗의 이마에 물맷돌이 박혔다(삼상 17:49). 그런데 골리앗은 머리에 놋 투구를 쓰고 있었으니(삼상 17:5) 성경을 그대로 읽는다면 물맷돌이 놋 투구도 뚫었던 것이다. 물맷돌이 무장한 골리앗의 이마에 박혔다.

이런 강력한 물매질에 성령이 함께하신 것은 당연하다. 어린 시절에 다윗이 차기 왕으로 기름부음을 받았는데, 그 후에 여호와의 영에게 크게 감동되었다고 성경이 기록한다(삼상 16:13). 그 성령이 다윗의 물매 던지는 능력에도 기름을 부어주신 것이 틀림없다.

또한 다윗의 전투 장면을 보면 다윗이 물맷돌 던지는 능력을 얻기 위해 얼마나 노력했는지 짐작할 수 있다. 막내아들이 집안의 양들을 키우는 책임을 지는 전통에 따라 어린 시절부터 양들을 키우면서 십 년 이상 물매 던지는 실력을 쌓지 않았을까 생각해본다. 처음에는 선임자였던 형들에게 물매 던지는 기술을 배웠을 것이다. 형들은 차례로 동생들에게 집안의 양들을 돌보는 일을 맡기고 다른 일을 했기에 오랜 세월 배우지 못했겠지만 막내아들인 다윗은 형들보다 오랜 기간 목동 일을 하면서 물매 던지는 기술을 더욱 오래 익혔다. 어쩌면 여덟 형제의 막내아들이라는 불리한 여건이 다윗을 형제들 중에서 가장 물매를 잘 던지는 사람으로 만들어주었던 것 같다.

야구선수들 중 투수들은 똑같은 규격의 야구공으로 밤낮 투구 연습을 한다. 물론 타자가 서서 그 공을 치려고 잔뜩 노리고 있지만 투수들은 가만히 서서 집중해 포수의 미트에 공을 던지는 일을 전문으로 한다. 그런데도 그 일이 그리 쉽지 않다. 강속구를 가진 투수도 제구 능력이 없어서 투수로 성공하지 못하기도 한다. 오래 전에 프로야구 LG트윈스 팀의 투수였던 김기범 선수의 인터뷰 기사를 보았다. 포수가 사인하는 위치로 투수가 얼마나 정확하게 공을 던질 수 있다고 생각하는지 그가 오히려 기자에게 질문을 했다. 그리곤 스스로 대답하기를 잘한나는 투수도 50%를 넘지 못할 것이라고 말했다.

더구나 다윗이 사용했던 물매에 넣어 던지는 물맷돌들은 같은 규격일 리가 없었다. 시내에서 주운 매끄러운 돌이었지만(삼상 17:40) 크기가 비슷했다고 하더라도 그 돌들은 모양이 조금씩 달랐을 것이다. 돌의 비중도 다르고 무게도 달랐을 것이고, 손에 쥐는 감각이 돌마다 달랐을 것은 당연하다. 다윗이 던진

돌은 언제나 다른 돌이었다.

그런 돌을 던져서 목표물에 맞히려고 하면 어떻게 해야 할지 짐작할 수 있다. 무수하게 돌을 던져보고 느낌으로 알아야만 했다. 전에 만졌던 비슷한 무게와 모양의 돌을 던졌던 경험을 살려 기억하고 분석해서 던져야 목표물을 맞힐 수 있었다. 맞히기만 하면 되는 것이 아니라 속도를 붙여 거인의 두꺼운 머리뼈를 깨뜨려야 했다. 거인의 이마에 혹 하나 나게 하는 강도로는 어림도 없었다. 빠른 속도를 유지하면서 정확하게 던지려고 하는데 각각 다른 돌들을 사용해야 한다면 어떻게 해야 하겠는가?

무수한 연습으로 자신만의 통계를 가지고 있어야 한다. 그야말로 다윗에게 빅 데이터가 준비되어 있었어야 골리앗을 쓰러뜨리는 일이 가능했다. 물맷돌 한 번 던지며 연습하는 것이 취미생활이나 그저 시간 때우는 일이었다면 다윗은 결코 골리앗을 쓰러뜨리지 못했을 것이다. 다윗은 무수한 물맷돌 던지기 연습을 하면서 진지하게 평가하고 기록하며 오류를 수정하는 과정을 반복했을 것이다.

지리적 여건도 다윗이 자기계발을 하는 데 유리했으니 감사한 일이었다. 다윗의 고향인 베들레헴에서 10여 킬로미터 떨어진 기브아에는 베냐민 지파 사람들이 살았다. 그런데 그 사람들이 전통적으로 물매를 잘 던져서 사사시대에 700명의 전문 물매꾼들이 있었다. 탁월한 왼손잡이 물매 사수인 그들은 물매로 돌을 던지면 머리카락 하나만큼도 오차가 없을 정도로 정확하게 던질 수 있었다(삿 20:16, 개역한글). 그 후손들이 다윗이 살던 때도 기브아에 살았으니 얼마나 유익한 도움을 얻었을지 상상할 수 있다.

요즘 식으로 말하면 일과시간을 마친 후에 다윗은 기브아로 뛰어 가서 물매 던지기 과외수업을 받았을 것이다. 사사시대의 전문 물매꾼들을 계승한 후손들이 운영하는 '한방'물매학원, '정타'물매훈련장과 같은 곳에 가서 수강을 하면서 물매 던지는 기술을 열심히 익혔을 것을 상상할 수 있다. 얼마나 좋은 기회였는가? 다윗은 약점을 오히려 기회로 삼고 지정학적 이점도 잘 활용하면서 자신의 전문성을 확보했다. 그렇게 물매 던지는 능력을 키워갈 수 있었다.

다윗은 자신에게 주어신 목동일을 하면시 그 일에 필요한 기술을 열정적으로 배우고 익혔음을 알 수 있다. 목숨을 걸 정도로 최선을 다해 자신의 일을 감당해냈다. 그가 말하는 대로 사자나 곰이 와서 양 떼에서 새끼를 물어가면 따라가서 맹수들의 아가리에서 새끼를 건져냈다. 또 사자나 곰이 자기를 해치려고 덤비면 수염을 잡고 쳐 죽였다. 이렇게 자신의 일에 대해 열정으로 감당하다 보니 다윗에게 기회가 찾아왔던 것이다.

중국에서 기업컨설턴트로 활동하는 뤼궈룽의 「빌 게이츠가 들려주는 직장인들의 성공 코드 10」(경덕출판사 펴냄, 2005)에 보면 열정이 재능보다 중요함을 강조하며 몇 사람의 이야기를 들려준다. 빌 게이츠는 직원에게 가장 중요한 것은 어떤 다른 것이 아니라 바로 일에 대한 열정이라고 강조했다. 이런 생각이 마이크로소프트사의 기업문화의 핵심이었다는 것이다. 재능 있는 사람에게 열정이 없다면 할 줄 아는 일도 제대로 잘해내기 힘들다. 그러나 열정 있는 사람은 그가 할 수 있는 모든 일을 할 수 있다. 모르면 배워서 할 수 있기 때문이다. 따라서 능력 없는 것이 문제가 아니다. 열정 없는 것이 더욱 치명적이다.

일본 기업 마쓰시타전기의 창업자인 마쓰시타 고노스케 역시 열정의 작용을 매우 중요시 했다. 열정이 능력을 이긴다고 하면서 파나소닉사의 임직원들이 책임감 있는 사람들이기를 희망했다. 능력이 많다고 자만하고 나태한 사람보다 열정을 가지고 책임을 지며 노력하는 사람이 더 훌륭한 인재라는 사실을 마스시타 고노스케는 아마도 체험적으로 확인했을 것이다.

직업을 가진 사람에게는 능력이 필요한데, 그 능력은 열정을 가져야 제대로 습득될 수 있다. 인터넷에서 한 사진을 보았는데, 아스팔트 위에 차선을 긋는 일을 하는 사람이 도로 가장자리에 차선을 그으면서 나뭇가지가 도로에 떨어져 있는 부분을 피해서 구부러진 선을 그린 장면이었다. 어떤 생각으로 그렇게 일을 했을까 생각해 보았다. 나는 도로에 선을 긋는 사람이지 나뭇가지를 치우는 사람은 아니라는 뜻이었을까? 그 사람은 자기 일에 열정이 없다는 점을 쉽게 느낄 수 있었다.

'열정'을 뜻하는 영어 단어 'enthusiasm'은 그리스어에서 기원한다. '안에'를 뜻하는 'en'과 '하나님'을 뜻하는 'theos'라는 두 개의 단어로 이루어진 합성어이다. 그렇다면 열정이란 하나님과 관계되어 있다. 하나님을 사랑하는 마음이 가득 찬 사람은 자신의 일에 열정적일 수밖에 없다. 하나님을 사랑한 다윗은 열정적으로 일했다.

오늘 우리도 하나님을 사랑하면서 세상을 향한 의분을 가지고 물맷돌 던지기를 열정적으로 연습해야 한다. 그러면 하나님이 골리앗을 우리 앞에 세우실 것이다. 세상을 이기기 위해 준비할 것은 두 가지이다. 하나는 골리앗과 같은 강력한 '세상'이라도 하나님이 나와 함께하신다면 충분히 이길 수 있다는 믿음, 즉 하나님을 내 목숨처럼 사랑하는 배짱 믿음이다. 이런 배짱 있는 믿음을 가진 사람은 오늘 자기가 하는 일에 최선을 다하면서 전문성을 키워나간다. 비록 지금은 양을 치고 있고 오늘 맞서 싸우는 것이 이리와 늑대, 곰에 불과하지만 기회를 기다린다. 골리앗이 나타나기를 은근히 기다리면서 자신의 삶에 열정을 보인다. 히브리서 기자는 이런 멋진 사람들의 모습을 이렇게 표현한다. 그들이 궁핍과 환난과 학대를 받았고 광야와 산중과 토굴에서 방황했으나 "이런 사람은 세상이 감당하지 못하느니라"(히 11:38).

된다고, 할 수 있다고 말하고 행동하라

가만히 우리가 하는 말을 생각해보면 "없다" "안 된다"는 단어를 자주 사용한다. 실제로 한 대학에서 조사해보니 상태를 나타내는 단어 중 한국인들이 가장 많이 사용하는 단어는 "없다"였다고 한다. 우리는 자라면서도 "안 돼!"라는 말을 많이 듣고 자라왔다.

내가 아는 한 직장맘은 아이들을 시어머니가 양육해주신다. 연세 드신 어르신이 손주들을 봐주는 일이 보통 일인가? 막 걷기 시작한 손자를 할머니가 제대로 따라 다니지 못하면서 "아무개야 안 돼, 안 돼"라는 말을 자주 하셨다고 한다. 그런데 그 아이가 "엄마"라는 말을 하고 난 후 "아빠"라는 말을 제대로 하기 전에 "안 돼"를 먼저 배웠다는 것이다. 퇴근하고 집에 갔더니 아빠 소리도 못 하는 아이가 "안 돼"를 외치고 다니는 것을 보고 직장생활을 계속해야 하는지 고민스러웠다고 한다. 할머니가 돌봐주시는 아이들뿐인가? 엄마가 양육하는 아이들도 안 된다는 말을 많이 들으며 자란다.

이렇게 자주 듣는 말이 생각을 낳고 생각이 행동을 낳는 것이니 자연스러운 현실이라도 고칠 것은 고쳐야 하겠다. 심리학자 섀드 헴스테터에 따르면 사람들은 하루에 깊이 자는 시간을 빼고 20시간 동안에 5~6만 가지의 생각을 한다. "오만 가지 생각을 다 한다"는 말이 근거가 있는가 보다. 그 통계에 따르면 1분에도 40가지가 넘는 생각을 하는 것인데, 문제는 사람들이 보통 하는 생각의 85%가 부정적이라는 것이다. 들리는 말도 75% 이상이 부정적인 말이라고 한다. 그러기에 우리는 더욱 노력하여 긍정적인 생각을 하는 것이 중요하다.

심리학자 프로이트는 3천 번 이상 반복해서 세뇌할 때 긍정의 의식화가 가능하다고 주장하기도 하니 긍정적인 생각을 의식적으로 하려고 애써야 한다. 긍정 심리학 혹은 행복 심리학을 창시한 마틴 셀리그만도 긍정의 사고방식과 긍정적인 말을 강조한다. 우울증에 걸린 사람들은 자기 탓을 하거나 스스로 죄책감을 느끼는 말을 많이 하는 부정적인 언어습관을 가지고 있다고 한다. 그러니 우리 인생에서 긍정적이고 플러스적인 언어습관을 갖는 것이 중요하다.

앤드류 매튜스가 「즐겨야 이긴다」(북라인 펴냄, 2007)에서 소개하는 이야기도 들어보자. 한 잡지에 1968년 이래 열다섯 번이나 노상강도를 당한 피터 토레스라는 사람에 관한 기사가 실렸다. 그 사람은 그런 공격을 받을 만한 어떤 일도 하지 않았다고 주장한다. 하지만 그 사람은 여가시간이면 늘 공포영화를 보면서 온통 습격하고 강탈하고 사람을 찔러 죽이는 장면을 즐겨왔다. 그러니 열다섯 번 노상강도를 당한 일이 그리 이상해 보이지 않는다는 것이다.

자기계발 서적에 단골로 등장하는 경험을 한 번 해보라. 하라는 대로 생각해보라. "귀가 어마어마하게 크고 덩치도 크고 코도 긴, 빨간색 코끼리는 생각하지 마세요." 그런 빨간색 코끼리는 없다. 그래서 생각하지 말라고 했는데 이미 생각 속에 그런 빨간색 코끼리가 있지 않은가? 부정적인 것, 그것이 아닌 것으로 말하더라도 우리 생각은 바로 그걸 생각해낸다. 이것이 뇌의 특징이다. 그러니 부정적인 생각을 계속 하는 것은 바람직하지 않다. 결국 그렇게 되고 말 가능성이 높기 때문이다.

대신에 된다고, 할 수 있다고 생각하고 말하는 것이 중요하다. 다윗은 골리앗과 맞서 싸우는 과정에서 하나님의 능력에 대해 자주 말하고 있다. 하나님이 함께하시기 때문에 골리앗과 싸워도 이길 수밖에 없다는 말을 수차례 반복하고 있다. 하나님을 향한 열정이 결국 배짱 있는 믿음을 낳았고, 그렇게 긍정적으로 말할 수 있게 한 것이다.

어떤 사람은 골리앗과 맞서 싸운 다윗의 심경을 재미있게 표현한다. "아, 그 자식, 더럽게 크네. 돌을 던지면 절대 빗나가진 않겠군!" 3미터에 가까운 키를 가진 골리앗의 위협적인 거구를 오히려 빗맞히지 않을 수 있는 기회라고 보았다는 것이다. 아마도 틀림없이 다윗이 그런 긍정의 정신을 가졌을 것이다.

이스라엘 백성들에게나, 사울 왕에게나, 골리앗에게도 하나님을 언급하면서 분명히 이길 수 있다고 강조한 다윗은 오늘 우리 크리스천들의 열정이 유발하는 긍정의 정신을 잘 보여준다. 환경과 여건이 어려워도 우리는 하나님 때문에 긍정할 수 있다. 이것은 믿음의 원리와도 다르지 않다. 믿음이 무엇인가? 귀신에 사로잡혀 고통을 겪는 아이를 예수님에게 데려온 아버지가 예수님에게 요청했다. 뭘 좀 하실 수 있다면 자기 아들을 고쳐달라고 했다. 제자들에게 맡겼더니 영 시원치 않았기 때문에 예수님에 대해서도 확신이 없었던 것이다. 그런데 예수님이 말씀하셨다. "할 수 있거든이 무슨 말이냐. 믿는 자에게는 능히 하지 못할 일이 없느니라"(막 9:23). 그러자 아이 아버지가 화들짝 놀라서 고백했다. "내가 믿나이다. 나의 믿음 없는 것을 도와주소서"(막 9:24). 이렇게 믿음은 할 수 없는 나를 생각하는 것이 아니라 할 수 있는 분인 예수님을 믿고 의지하는 것이다.

그래서 사도 바울은 때때로 지독한 궁핍도 경험했지만 일체의 비결을 배웠다고 했다. "내게 능력 주시는 자 안에서 내가 모든 것을 할 수 있느니라(빌 4:13). 이런 멋진 고백은 나의 부족함을 생각하지 않고 예수님의 풍족함을 생각했기에 가능하다. 이런 믿음이 바로 긍정의 힘이다. 믿음이 긍정의 효과를 유발한다. 열정을 가진 사람이 긍정적으로 생각하고 그 긍정은 또 다른 열정을 낳는다. 일을 하면서도 크리스천 직업인들에게는 이런 긍정적인 사고방식이 필요하다.

일본에 일본전산이라는 회사가 있다. 「일본전산 이야기」(김성호 지음, 쌤앤파커스 펴냄, 2009)라는 책을 보면 일본전산은 1973년에 28세였던 나가모리 사장이 세 명의 사람들과 함께 세 평짜리 시골 창고에서 문을 연 모터 공장에서 시작했다. 오일 쇼크도 이겨내고 일본의 10년 불황에도 열 배나 성장해서 계열사 140개에 직원 13만여 명을 거느린 매출 8조 원의 기업으로 성장한 회사이다. 일본전산이 역량을 강화한 원칙이 하나 있는데, 그것은 바로 '안 된다'는 보고서를 용납하지 않는 것이었다.

회사 초창기에는 시골에 있는 회사여서 우수한 직원들이 지원하지 않자 밥 빨리 먹기, 오래달리기 같은 기상천외한 입사시험을 치러 직원들을 뽑았다. 그런 일로 언론의 뭇매를 맞기도 했지만, 그래서 "즉시 한다" "반드시 한다" "될 때까지 한다"를 모토로 기업이 성장하게 되었다.

어떤 회사나 그렇지만 창업 후 20년이 지날 무렵에는 중간 관리자도 외부에서 영입하고 베테랑 연구원들도 여러 명 합류시켰다고 한다. 그러다 보니 초기의 회사 문화가 잘 전수되지 않고 느슨해졌다. 그래서 나가모리 사장은 직원들에게 "안 되는 것이 없게 한다"는 의식을 확고하게 심어줘야겠다는 생각을 했다. 20/80법칙에서 말하는 대로 죽을 각오로 일하지 않는 대다수가 조직을 점거해버릴 위험이 있다는 위기의식을 느낀 것이다. 나가모리 사장이 직접 모든 보고를 챙기면서 회사를 경영했다.

각 팀, 개발부서들에게 개발 과제나 전략 테마가 주어지면 팀 책임자들이 보고를 하는데, 그 과정에서 나가모리 사장이 간파한 것이 한 가지 있었다. 보고하려는 직원의 얼굴만 봐도 어떤 말을 하려는지 직관적으로 파악이 되었다.

"저, 사장님, 실은 지난번 맡겨주신 연구 테마 말인데요."

이러면 거의 100%였다. 그러면 나가모리 사장이 말했다.

"잠깐 기다리게! 지금부터 자네가 하려는 말 내가 다 테이프에 담아놨으니 먼저 들어보게."

그리고 녹음한 테이프를 틀었더니 이런 말들이 들렸다.

"이건 이론적으로도 안 맞습니다. 말도 안 됩니다. 시간이 너무 촉박합니다. 한계입니다. 단가가 맞지 않습니다. 연구 인력이 부족합니다. 몇 년 전에 제가 시도했던 겁니다. 경험으로 보아 절대 부족합니다."

그 테이프 안에는 100가지가 넘는 이유가 들어 있는데, 다 들려준 후 나가모리 사장이 질문한다.

"여기 들어 있지 않은 다른 이야기가 있는가?"

그러면 직원이 대답한다.

"아닙니다. 다 들어 있습니다."

나가모리 사장은 어느 정도 규모가 커진 기업들의 가장 큰 낭비 요소는 "안 된다"는 것에 자료와 분석을 달아서 상대를 설득하는 소모전이라고 말한다. 사실 안 된다는 이유를 그럴듯하게 대면 똑똑해 보이고 비판의식도 강하고 멋있어 보인다. 그러나 안 된다는 것을 증명할 시간이 있으면 그 시간에 차라리 되는 '다른 방법'을 찾는 것이 낫다는 사실이다. 안 된다고 생각하거나 된다고 생각하는 것, 이 생각의 차이는 그리 크지 않아 보이지만 실제로는 차이가 매우 크다. 된다고, 할 수 있다고 생각하고 말하면 우리의 생각과 말이 우리의 환경을 변화시킬 수 있다.

민수기 14장 28절에 보면 하나님이 이렇게 말씀하신다. "너희 말이 내 귀에 들린 대로 내가 너희에게 행하리니." 가데스 바네아에서 이스라엘 백성들이 부정적인 보고를 한 열 명의 정탐꾼들의 말을 믿고 하나님을 원망하며 애굽으로 돌아가자고 했을 때 하신 말씀이다. 이스라엘 백성들에게는 안타까운 말씀이 틀림없지만 하나님은 하나님을 믿는 열정으로 긍정적인 평가를 한 여호수아와 갈렙의 말을 듣고 그대로 행하셨다. "여호와께서 우리를 기뻐하시면 우리를 그 땅으로 인도하여 들이시고 그 땅을 우리에게 주시리라"(민 14:8).

하나님은 결국 여호수아와 갈렙 두 사람만 약속하신 땅으로 인도하셨고 그 후손들이 가나안을 차지하게 하셨다(민 14:24). 이렇게 하나님을 사랑하는 열정에서 출발하는 믿음은 긍정의 정신을 낳고 자연스럽게 생각과 말을 통해 일터 현장과 삶의 마당을 풍성하게 변화시킨다. 다윗이 보여주는 열정 효과를 체험해볼 수 있기를 바란다.

P·A·R·T·2

하나님 나라 대리 리더십

: 전심으로 하나님께 향하는 사람 다윗

04 _ 학습(learning) 리더십

자기 계발을 통한 능력의 함양

일을 해본 사람은 느끼는 점인데, 일을 시작하면 진짜 공부가 시작된다. 학교에서 하는 공부가 의미 없다는 뜻이 아니라 실제적인 학습을 일터에서 할 수 있다는 말이나. '평생학습'이나 '인생학교'라는 말을 굳이 하지 않더라도 일터가 '배움터'라는 사실을 일하는 사람들은 느끼게 된다. 대부분의 직장인들은 자기 계발에 대한 관심이 많다. 바쁘다는 핑계로 실천하지는 못하는 경우가 많지만 아마 모든 직장인이 자기 계발을 해야겠다는 생각은 하고 있을 것이다. 그런데 사실 직장인들이 늘 바쁘다고는 하지만 시간이 나지 않아서 자기 계발을 못하는 것은 아니다.

자기 계발을 열심히 하는 사람들을 보면 시간이 많은 사람이 결코 아닌 것을 봐도 알 수 있다. 학습의 필요를 느껴서 실천하는 일이 중요하다. 우리가 살피려는 다윗이 바로 그런 모습을 보여주었다.

리더도 부단히 학습하는 사람이어야 한다. 미국 달라스신학교에서 오래 가르쳤던 기독교 교육학자 하워드 헨드릭스 박사는 "오늘 학습을 멈추면 내일 리더십을 잃게 된다"고 말했다. 리더의 책임이 커질수록 더욱 배우는 노력을 게을리하지 말아야 한다. 우리는 다윗을 통해 평생학습을 실천하고 일하며 배우는 모습을 확인할 수 있을 것이다.

T형 자기 계발로 전문만능인이 되라

청년실업이 여전히 우리 사회 화두인 요즘도 그렇지만 취업을 준비하는 사람들은 구직에 어려움을 겪는다. 그런데 기업체에서도 나름대로 '구인난'을 겪는다는 이야기를 한 헤드헌터에게 들었다. 직원들을 선발하려고 하면 입사하려는 사람은 많은데, 정작 자기 회사에 적합한 사람을 찾기는 어렵다는 이야기다. 물론 능력 있는 사람들은 많다. 그런데 능력만 가지고는 일을 제대로 하지 못하는 경우가 많기에 고민스럽다는 이야기다.

그래서 'T형 인재'라는 말도 나왔다. 영어 단어 T의 아래로 내려간 것은 직업적인 전문성을 말한다. 기업에 필요한 인재를 선발하기 위해서는 얼마나 직업적인 전문성과 능력으로 준비되어 있는지 판단한다. 그런데 그것만이 아니다. T의 옆으로 그어진 부분은 일의 능력과 더불어 필요한 일종의 멀티 탤런트를 말한다. 요즘 많은 기업이 관심을 갖는 인성(人性)이 여기에 해당된다. 그 외에도 인간관계와 팀워크, 취미, 교양, 개인기, 일반 상식 등을 포괄한다.

20여 년 전에 이미 〈TRAINING〉이라는 미국 잡지에서 '전문화된 만능인'(specialized generalist)을 요구하는 시대가 되었다는 글을 보았다. 오늘 우리 시대를 사는 평생직업인의 자기 계발 방향을 알려주는 표현이라고 생각해서 나름대로 '전문만능인'이라는 표현도 만들어 보았다. 직업인의 우선적인 자기 계발의 방향은 전문가(specialist)이어야 한다. 평생직장의 시대가 지나고 능력이 강조되는 시대에 평생직업인으로 살아가려면 자신의 핵심 능력이 있어야 한다는 것은 너무도 당연하다. 누구와 비교해도 그것만은 잘하는 직업 능력이 있어야 한다. 회사에 입사했다면 젊은 날에 자기 계발을 하면서 능력을 키워나가는 것은 당연하다. 하지만 나이가 들더라도 자신의 분야에서 지속적으로 새로운 시대 조류를 접하며 새로운 능력의 함양을 위해 노력해야 하겠다. 그래야 리더로 성장할 수 있다.

그러나 전문 능력만이 능사인 것은 아니다. 만능인(generalist)이 되어야 한다. 이 표현은 복잡다변하게 변하고, 4차 산업혁명의 시대를 살아가는 우리 시대에도 적합하다. 한 분야에 대한 전문 능력을 가지고 있으면서도 자신의 전문 분야와 연관된 주변 분야에도 능통한 만능인이 더욱 대접받는 시대이다. 하나를 잘하는 것이 아니라 또 더 잘하는 것이 있다면 그야말로 금상첨화인데, 오늘 우리 시대는 이런 사람이 대접받는 시대라는 것이다.

다윗이 바로 이런 'T형 인재'였고, '전문만능인'이었다. 3장에서 다룬 대로 다윗은 하나님을 사랑하는 열정을 가지고 자신의 물맷돌 던지는 목동의 전문 능력을 마음껏 발휘했다. 전문성에 있어서 탁월한 경지에 도달해 있었다. 다윗은 성령의 인도를 받으면서 부단히 연습에 매진했을 것이고, 가까운 곳에 있던 물매 전문가들에게도 배우며 전문성을 키워나갔다.

직장인의 목표는 한마디로 '전문가'가 되는 것이다. 한 10년쯤 일해야 한 분야의 전문가가 될 수 있다고 해서 '10년의 법칙'도 언급하는데, 한 가지 일을 숙련시키기 위해서는 1만 시간 정도의 치밀하고 체계적인 연습이 필요하다고 한다. 그 시간으로 하루에 세 시간, 일주일에 20시간을 확보하면 한 10년 정도 걸린다는 의미이다. 이렇게 숙달을 위해 훈련하다 보면 그 분야의 어떤 일에 대한 대응과 일처리를 할 수 있는 능력과 솔루션 혹은 노하우라고 말할 수 있는 '패턴'이 2만 5천 개에서 10만 개쯤 확보된다. 그런 사람을 전문가(expert)라고 평가한다.

이런 전문가가 되기 위해 어떻게 자기 계발을 할 수 있을까? 일터에서 신입사원 시절을 거치면서 선배 사수에게 배우는 기회를 잘 활용해서 배워야 한다. 또한 신입사원 시절을 벗어나서도 대리, 과장 시절에 일을 배울 만한 선배에게 일을 배우는 노력을 계속해야 한다. 전문성이 있는 사람에게 배우는 방법이 가장 효과적이다. 또한 세미나나 교육의 기회를 활용해서 배우는 것도 좋은 방법이다. 주로 전문적인 직업 분야에서 일하는 사람들이 이런 방법으로 학습하게 된다. 이런 기회를 잘 활용해서 배울 수 있어야 한다.

그런데 직업인으로 살아가면서 가장 쉽게 시도할 수 있는 학습 방법은 바로 독서이다. 평생 실천할 수 있고 지금 당장 할 수 있는 자기 계발의 방법이다. 직장인이 책 읽기를 실천하기 위해서는 당장 책을 잡고 읽어야 한다. 성공한 사람은 대부분 행동가이다. 책은 지금 읽어야 한다. 읽어야 할 책들을 선정해 두고 책을 항상 지니고 다니면 읽을 수 있다. 한 권을 고집하는 것도 좋으나 몇 권의 책을 동시에 읽는 것도 좋다. 한 권의 책을 읽기 시작하면 다 읽기 전까지는 좀처럼 다른 책을 잡지 못하는 사람이 있다. 그런데 사람의 호기심이나 흥미는 짧은 시간에도 여러 번 변한다. 한 권을 고집하기보다는 몇 권의 책을 동시에 읽어 나가는 것도 유익한 독서법이다. 독서의 시너지 효과를 여러 권 독서를 통해서 얻을 수 있다.

책 읽기를 잘하기 위해서는 언제 어디서나 책을 읽는 습관을 들이는 것이 중요하다. 책상에 앉아서 책을 읽어야만 한다면 독서를 효과적으로 하기가 쉽지 않다. 식사를 기다리면서, 약속 장소에서 기다릴 때, 화장실에서, 무엇보다 출퇴근 시간에 이동하면서 책을 펼치는 것이 책을 잘 읽을 수 있는 좋은 방법이다.

책을 읽는 방법이 정해져 있지는 않지만 책에 따라 방법을 다양하게 적용해서 실천하면 좋다. 첫째, 마음 편하게 읽을 책이 있다. 정서적으로 도움을 주는 분야의 책이 해당될 것이다. 자신이 선호하는 책들을 읽을 수 있다. 나와 같은 경우 소설을 많이 읽어왔다. 에세이나 시, 신앙서적, 철학서 등 자신의 기호에 따라 재미있게 읽을 수 있는 분야의 책을 읽을 수 있다.

둘째, 다독 혹은 속독으로 읽을 책도 있다. 이런 책은 발췌해서 필요한 부분만 읽어도 되는 책도 있다. 지식과 정보 분야의 책이 대부분 여기에 해당된다. 세 번째 독서법은 흔히 정독(精

讀)이라고 하는 방법인데, 천천히 읽는 것만이 아니라 반복해서 읽는 독서법이 있다. 이 책은 자신의 인생에 평생 영향을 미치고 도움이 되는 책, 의지와 윤리적 행동을 위한 인격 수양의 책이라고 할 수 있겠다. 우리와 같은 신앙인의 경우 성경을 포함하여 이런 정독할 만한 책들이 몇 권쯤 있으면 좋다.

아울러 다윗에게는 수금을 잘 연주하는 일종의 '개인기'가 있었다. 양들을 돌보는 직업의 특성을 이용해 수금을 연습할 시간을 확보할 수 있었을 것이다. 나중에 악령이 사울 왕을 사로잡을 때 그 치료를 위해 고용될 정도로 다윗의 수금 연주는 탁월했다. 다윗이 수금 연주를 잘했던 일을 계기로 사울 왕의 악사 겸 비서가 된 것은 사울 왕의 측근에서 궁궐의 문화를 익힐 수 있는 좋은 기회가 되었다. 날마다 왕의 곁에서 비서로 일했으니 사울 왕의 신하들이 어떤 일로 왕에게 보고하고 왕이 결재하는 내용이 어떤 것인지 낱낱이 보고 배울 수 있었을 것이다. 그런 의미에서 다윗의 수금 연주(T형 자기 계발의 아래로 내려가는, 전문 만능인에서 Generalist에 해당)는 다윗의 인생에서 비전을 성취하는 데 있어서 중요한 역할을 했다.

다윗 왕의 아들 솔로몬도 이런 부분에서 아버지의 감수성과 예술성을 물려받았다. 솔로몬이라고 하면 지혜의 대명사인데, 그의 지혜가 어떤 분야인지 성경이 말해준다. 솔로몬은 3천 개나 되는 잠언을 지었고, 그 외에도 천 다섯 개의 노래를 지었다. 아버지를 닮아서 음악에도 조예가 깊었다. 또한 레바논의 백향목으로 시작하여 돌담을 타고 자라는 우슬초까지 초목에 대해서 논했다고 한다. 짐승과 새와 기어 다니는 것과 물고기도 논했다고 하니 이쯤 되면 동물학, 식물학, 조류학, 어류학 등에 박식한 만물박사가 바로 솔로몬이었다(왕상 4:32-33).

오늘날에도 직장인들의 취미는 여전히 중요하다. 취미활동을 잘하면 휴식과 재충전을 할 수 있을 뿐만 아니라 전업의 계기를 마련할 수도 있다. 사실 오늘 내가 만족하는 직업이라도 사회의 격변으로 인해 10년 뒤에는 사양길에 들어설 수 있다. 인터넷이 보급되면서 사양길에 접어든 DVD 대여점이나 비슷한 관련 업종들을 보라. 앞으로는 더욱 자주 직업의 변화가 생길 것이다. 4차 산업혁명의 시대이고 인공지능의 기존 직업 대체를 염려하는 시대에 우리는 현재 내가 가진 직업을 계속 가질 수 있을지 염려하게 된다. 때에 따라 내가 가진 직업을 통해 내가 필요로 하는 것들을 공급받지 못할 수도 있다. 그런 때 뭔가 다른 직업을 통해 새로운 돌파구를 열어야 하지 않겠는가? 즐기면서 잘하는 취미가 직업을 전환하는 계기가 될 수 있다. 하나님이 우리를 평생직업으로 인도하실 여지를 많이 만들어드리기 위해서라도 우리의 취미생활은 중요하다.

취미생활로 새로운 직업을 연 사람들도 있다. 〈검은 눈동자〉 〈모스크바의 밤〉 〈바이칼 호〉 〈길을 따라서〉 등 러시아 민요 연주는 돈 코사크 합창단의 연주가 그야말로 제격이다. 돈 코사크 합창단을 창단하고 초대 지휘자를 지냈던 세르게이 쟈로프는 노래를 좋아하고 목소리가 아름다워 장사를 가르치려고 했던 아버지의 뜻과 달리 합창 교육과 지휘자 훈련을 받았다. 그가 제정 러시아 군대에 입대했을 때는 러시아에 사회주의 혁명이 일어나 소비에트 정권이 수립되는 때였다. 전쟁이 벌어지고 제정 러시아군이 밀리기 시작했다. 희망을 잃어가는 병사들에게 기쁨을 주는 것은 밤중에 모닥불 둘레에서 동료들이 불러주는 합창이었다. 그 합창단의 지휘자로 쟈로프 중위가 선출되었고, 단원들은 토속적이고 향수를 자극하는 러시아 민요로 동료들을 위로했다.

제성 러시아 군대의 패선 후 40여 명의 합창단은 다른 망명 군인들과 함께 유럽으로 갔고, 1921년에 파리에서 24명의 대원들이 돈 코사크 합창단을 조직했다. 그들의 입장에서 보면 생존의 몸부림이었다. 그들은 1922년 불가리아 수도 소피아에서 제1회 연주회를 열어 큰 성공을 거두었고, 돈 코사크 합창단의 역사가 본격적으로 시작되었다. 그들의 목소리에는 나라를 잃고 고향과 가족을 잃은 사람들의 끈끈한 정서가 담길 수밖에 없었다. 그 후 합창단은 미국 공연을 하여 대성공을 거두면서 전 단원이 미국 시민권을 얻어 영주하며 이후 전 세계로 쉴 새 없이 순회공연을 다니는 새로운 삶을 살게 되었다.

패잔병에서 세계적인 합창단 단원으로 완전히 직업을 탈바꿈한 것이었다. 전쟁이라는 극한 상황과 노래를 사랑하는 취미와 재능이 결합하여 새로운 직업 세계가 열린 좋은 사례이다. 우리가 직장생활을 하면서도 취미나 재능 한두 가지쯤은 살려봄직한 실용적인 이유가 바로 여기에 있다. 하나님이 나의 평생 직업에 대한 어떤 설계를 가지고 계신지 오늘 우리가 분명하게 알 수는 없으니 말이다!

실제로 미술에 대한 관심을 갖고 평론을 틈틈이 하던 직장인이 회사를 그만 두고 미술평론가의 길을 가게 된 경우도 있다. 다른 전공을 연구하며 공부하다가 축구 해설에 대한 취미를 살려 축구 해설가로 활약하는 사람도 있다.

나의 학창 시절, 대한민국 많은 학생들의 거의 공통적인 취미는 독서 아니면 음악 감상이었다. 그 외에 별다른 취미가 없는 사람들이 많았다. 그런데 목회자들 중에 독특한 취미를 가진 사람들이 있다. 20세기의 걸출한 신학자이자 목회자였던 존 스토트 박사는 새에 대한 관심이 많았다. 새에 대해 얼마나 애정을 가지고 있는지 그가 지은 「새, 우리들의 선생님」(IVP 펴냄, 2001)이라는 책에 보면 잘 나타나 있다. 얼마나 새에 대해 잘 아는지 '새 박사'로 불리는 윤무부 교수 수준이다. 하나님의 창조 세계의 한 부분을 그렇게도 세밀하고 아름답게 표현할 수 있는지 감탄이 절로 나온다.

한국 교회를 대표하는 목회자 중 한 분이었던 옥한흠 목사는 바쁜 목회 와중에도 사진 찍기를 전문가 수준으로 하여 「아름다움과 쉼이 있는 곳」(두란노 펴냄, 1997)이라는 사진 수상집을 내기도 했다. 나는 요즘 미술에 관심을 가지고 있는데, 특히 빈센트 반 고흐에 대한 관심을 일깨워준 최종수 목사의 책을 통해서였다. 「고흐의 영성과 예술」(한국기독교연구소 펴냄, 2000)이라는 책은 고흐의 미술 작품에 대한 목회적 식견으로 크리스천다운 안목을 잘 보여주었다. 그분은 미국 펜실베이니아에서 목회했는데, 미술뿐만 아니라 아내와 함께 등산하면서 야생버섯을 연구하는 취미도 가지고 있다고 책의 저자 소개에서 밝히고 있다.

직장인들이 이런 취미를 가지고 있으면 여러 가지 유익이 있다. 우선 일로 인한 스트레스를 해소할 수 있다. 또한 취미를 마니아 수준으로 하다 보면 자기 직업 분야의 돌파구를 열거나 아이디어를 발견할 수도 있다. 한국 사회에 인문학 열풍이 거세게 불었다. 지금도 과거와 비교하면 접하기 쉽지 않은 인문학에 대한 관심이 여전히 많다. 매우 바람직한 현상인데, 이런 일이 어떻게 가능하고 또한 그 이유가 무엇인지 생각해 보았다. 높은 경지에 이르면 서로 길이 통한다고 하지 않는가! 문학, 역사, 철학, 예술 등의 인문학에서 얻은 지식과 지혜가 사회의 실용적인 분야들에 아이디어를 주고 서로 자극하여 유익을 주는 것이다. 결국 이종교배가 시너지를 창출한다. 취미생활을 통해서도 이런 실제적인 도움을 얻을 수 있다.

또한 공통의 취미를 통해 친해지고 공감대를 형성할 수 있는 장점도 취미생활의 유익이다. 미국의 아이젠하워 대통령은 우표수집에 취미를 가지고 있었다. 한 법안을 처리하는데 정적인 야당 의원이 고집을 부리면서 반대했다. 그 의원이 우표수집 취미를 가지고 있는 것을 알고 아이젠하워 대통령은 전화를 해서 우표에 대한 질문을 했다. 사실 아이젠하워 대통령은 우표수집에 대해 전문가적 식견을 가지고 있었다. 그는 그 의원의 우표수집에 관한 이야기를 한 수 배운다는 자세로 다 들어주면서 우표수집 분야에서 그 의원의 전문성을 인정해주었던 것이다. 법안에 대한 이야기는 한마디도 하지 않았는데, 다음번 법안 의결 때 그 의원은 반대를 하지 않았다.

이렇게 취미를 잘 살린 전문인들은 T형 리더십을 갖춘 전문 만능인의 멋진 모습을 보여준다. 그런데 이런 자기 계발의 방식에 대한 흥미로운 제안이 있어서 소개한다. 하나는 '르네상스 제너럴리스트'로 동시에 여러 분야에 도전하는 것이다. 자기의 재능과 특성을 다 계발해야만 완전한 인간이 된다는 르네상스 시대의 이상을 반영하는 자기 계발 방법이다. 레오나르도 다빈치를 생각하면 이해가 쉽다. 다빈치는 화가, 엔지니어, 발명가, 과학자, 철학자, 음악가 등 다양한 영역에서 온갖 호기심을 가지고 업적을 남겨 놓았다. 영국 경영사상가 찰스 핸디가 말하는 '포트폴리오 노동자'가 바로 오늘날의 르네상스 제너럴리스트라고 할 수 있다. 점점 정규직 노동자로 풀타임으로 일하기 힘든 시대가 되고 있는데 두 가지 혹은 여러 가지 일들을 각각 파트타임으로 일하면서 자신의 삶에 대해 포트폴리오를 잘 구성하여 살아가는 방식이다.

그런데 이 방법은 경제적인 측면에서 안정을 얻지 못하는 단점이 있는데 그에 대한 대안으로 '연속 스페셜리스트'가 두 번째 방법이다. 이것은 하나씩 차례로 시도하는 자기 계발의 방법이다. 이 방법은 다양한 재능과 열정에 흠뻑 취할 수 있고, 요즘 은퇴 시기가 계속 앞당겨지고 수명은 길어지는 상황에서 여러 가지 다양한 직업에 종사해 볼 수 있는 기회도 만들 수 있다(로먼 크르즈나릭 지음, 「인생학교 : 일」, 쌤앤파커스 펴냄, 113-116쪽).

'경영학의 아버지'로 불리는 피터 드러커는 30여 권의 책을 썼는데, 자신을 가리켜 '생태사회학자'로 이름 붙인 그는 경영학만이 아니고 법학, 정치학, 경제학, 사회학 같은 사회과학 전반의 책들을 썼다. 드러커는 자신의 그런 집필에 대해서 과거 자신이 신문 기자로 일하면서 여러 주제의 글을 써야 했기 때문이라고 말한다. 3~4년마다 다른 주제를 택해서 공부하는 것을 70년 가까이 했다고 한다. 그 과목들로는 통계학, 중세 역사, 일본 미술, 경제학 등 다양했다. 이런 방법으로 연속적으로 자신의 분야에서 전문성을 가지기 위해 독서하고 공부하여 자기 계발을 하는 방법이 있다.

당신의 손에 들린 수금 연습에 매진하라!

다윗의 능력 중 하나였던 수금 연주에 대해 조금 더 생각해보자. 특히 사울 손에 들려 있던 '창'과 비교해 다윗 손에 들린 '수금'의 의미를 살펴보면 리더십에 관한 유익한 교훈을 얻을 수 있을 것이다.

앞에서 살펴본 다윗의 강점 훈련에서 본 대로 다윗은 수금 연주를 탁월하게 했다. 그런데 사울 왕도 창던지기에 재능이 있었던 것 같다. 창던지기는 사울 왕이 가진 무술 능력의 강점이자 개인기였던 것 같다. 당시 이스라엘의 평균 키를 가진 사람들보다 어깨 위 머리 하나가 더 있을 정도였으니(삼상 10:23) 사울 왕은 대단히 체격이 큰 사람이었다. 더구나 당시 이스라엘은 철기문화를 가진 블레셋보다 뒤쳐진 청동기문화시대였던 상황에서 사울 왕은 철로 만든 좋은 창을 가지고 있었다(삼상 13:22).

그렇다면 손에 좋은 창을 든 사울 왕이야말로 골리앗과 맞서 싸울 수 있었어야 한다. 큰 체격 조건을 가지고 있고 철로 만든 좋은 창을 가지고 있는 사울 왕이야말로 골리앗의 유일한 상대였다. 더구나 다윗이 그랬던 것처럼 접근해서 싸우는 것이 아니라 멀리 떨어져서 활용할 수 있는 무기가 바로 창이었다. 그런데 사울 왕은 자신이 가진 강점의 '창'을 적재적소에 활용하지 못해서 결국 문제를 만들었다.

자신이 나서서 싸웠어야 할 전투에 다윗이 대신 나가 목숨 걸고 싸워주었는데, 사울 왕은 다윗에게 창질을 해댔다. 여기서 독자들은 한 나라의 왕이 '굳이 전투에 나서고, 더구나 거인 장수와 맞붙어 싸워야 하는가'라는 의문을 제기할 수도 있다. 그런데 이것은 나의 무리한 생각이 아니다. 나중에 다윗은 골리앗과 비슷한 이스비브놉이라는 거인 장수와 직접 맞상대했다(삼하 21:15-17). 나이도 많았고 몸이 피곤한 상황이었는데도 마다하지 않고 다윗 왕은 나가서 그 거인과 싸웠다. 사울 왕도 당연히 그렇게 했어야 하지 않았는가! 이렇게 사울이 왕으로서 제대로 할 일을 하지 않으니 열등감에 빠지고 생각도 삐딱해진 것이다.

자기의 할 일을 다 하지 않으니 열등감에 빠지는 쓸데없는 여유도 생기는 것이다.

창을 던질 능력을 가지고 있는데 골리앗을 향해 던지지 않으니 결국 사울의 창끝은 엉뚱한 곳을 겨누게 되었다. 블레셋 군대와 맞서 싸워 승리한 후 승전 페레이드가 있던 바로 다음 날 사울 왕은 자신을 위해 수금을 연주하는 다윗에게 창을 날렸다. 다윗이 이날 두 번이나 사울 왕의 창을 피해 목숨을 건졌다(삼상 18:10-11).

이후에 사울 왕은 군대의 장으로 임명했던 다윗을 천부장으로 강등하고 궁궐을 떠나 일하도록 조치했다. 그런데 변방으로 좌천시켜도 다윗이 일을 잘하니 또 그 점이 사울 왕에게 큰 두려움이 되었다. 이렇게 이야기하는 윗사람의 말을 들었다. "아랫사람은 잘나도 밉고 못나도 미워요." 공감하는가? 아랫사람이 무능하고 못나면 미운 건 당연하다. 그런데 잘나도 밉다니 무슨 말인가? 적당히 잘난 것은 좋은데 나보다 잘난 건 용서가 안 된다는 뜻이다. 사울 왕이 꼭 그랬다.

다시 전쟁이 일어나고 다윗이 나가서 또 승리하여 사울 왕에게 승전을 안겨주었다. 그때 또 한 번 사울 왕은 다윗에게 창을 던졌다. 이제 좀 더 근거리에서 정확하게 맞추기 위해 '단창'을 준비했다. 다윗과의 거리가 멀지 않으니 짧은 창으로 더 쉽게 맞출 수 있었을 것이다. 사울 왕이 이렇게 치밀하게 준비해서 창을 바꾸었다. 사울이 던진 창은 정확하게 다윗에게 날아갔을 것이다. 다윗이 정말 간발의 차이로 피했을 것이다. 단창이 벽에 박혔다(삼상 19:9-10).

이런 안타까운 일이 결국 사울 왕의 손에 있던 창으로 인해 시작되고 확대되었다. 제때 써야 할 곳에 창을 쓰지 못하니 엉뚱하게 질투의 화신이 되어 다윗에게 못된 창질을 하면서 이미지를 구겼다. 사울 손의 창은 이래저래 안타까운 도구이자 불행한 무기였다.

한편 다윗의 손에는 수금이 들려 있었다. 다윗의 취미이자 개인기였던 수금 타는 능력을 위해 다윗은 부단히 노력했을 것이다. 또한 그가 지었던 수많은 시편을 노래하면서 수금 연주를 했을 것이다. 다윗의 연주는 효과가 있었는데, 사울 왕의 영을 사로잡고 있던 악령이 쫓겨나고 정신을 차릴 정도로 다윗이 수금 연주를 잘했다. 열심히 연습해서 그런 경지에 이르렀을 것이다.

사울 왕에게 천거되었던 상황을 통해서 다윗을 추천한 사람의 '추천사'를 볼 수 있다. "내가 베들레헴 사람 이새의 아들을 본즉 수금을 탈 줄 알고 용기와 무용과 구변이 있는 준수한 자라. 여호와께서 그와 함께 계시더이다"(삼상 16:18). 수금을 연주하는 능력뿐만 아니라 무술 능력과 화술의 능력, 그리고 외모는 물론이고 영성까지 갖춘 인물이 다윗이었다. 사울 왕의 악사 겸 비서로 손색이 없는 스펙을 갖추고 있었다.

그런데 다윗이 수금 연주를 잘하고 여러 가지 능력을 갖추게 된 배경에는 그의 핸디캡이 자리하고 있다. 아프고 슬픈 과거, 어린 시절의 이야기가 있다. 1장에서 살펴본 대로 사무엘 선지자가 차기 왕에게 기름 붓기 위해서 이새의 집으로 찾아왔을 때 다윗은 들에서 계속 일을 하느라 정작 그 모임에 참여하지도 못했다(삼상 16:6-13). 막내가 집안의 양을 치는 당시의 전통과 관행에 따라서 들에 머물러 있었던 것이다. 형들은 몇 년 동안만 일하고 동생에게 물려주었을 그 목동의 일을 다윗은 오랫동안, 아마도 10여 년 이상을 했을 것이다. 왜냐하면 안타깝게도 남동생이 더 이상 태어나지 않았기 때문이다.

이렇게 오랫동안 목동의 일을 하게 된 다윗이 물매를 던지는 연습도 형들보다 더 많이 했을 게 아닌가? 그리고 수금을 연주하는 기회도 더 많이 갖게 되었을 것이다. 그러니 다윗에게는 집안의 양 치는 일을 오래 했다는 핸디캡이 오히려 기회가 된 것이다. 이런 사례들이 종종 있다. 일하는 사람들은 직장생활을 오래 하다 보면 이런 경험을 하곤 한다. 참 힘들고 어렵게 그 일을 겨우 감당했는데, 돌아보니 그때 그 일이 바로 기회가 되어서 커리어에 유익을 주는 것이다. 이런 전화위복의 기회가 우리에게도 있을 수 있다.

오늘 우리도 다윗처럼 직업적인 능력뿐만 아니라 취미와 개인기, 당장 능력을 발휘하는 일과는 거리가 먼 것 같은 관계의 영성을 위해 노력해야 한다. 그러다 보면 다윗 손의 수금과 같은 중요한 역할을 하는 강점을 우리도 가질 수 있게 될 것이다.

왜 다윗이 상처를 받지 않았겠는가? 여러 번 근거리에서 창에 맞아 죽을 뻔한 경험을 했으니 그 트라우마가 얼마나 컸겠는가? 사무엘상 26장에서도 사울 왕의 군대가 잠든 진중에서 다윗이 사울 왕을 죽일 수 있는 기회를 잡았다. 하나님이 잠들게 하셔서 사울 왕을 포함하여 모든 병사가 다 잠들었다. 그래도 왕을 지킨다고 측근 부하 장수들이 사울 곁에 둘러서 잠이 들었고, 사울의 창은 땅에 꽂혀 있었다. 다윗의 부하 아비새가 이렇게 권했다. "오늘 당신의 원수를 하나님이 당신의 손에 넘기셨습니다. 창으로 찔러 단번에 땅에 꽂게 하십시오. 두 번 찌르지 않아도 충분할 겁니다"(삼상 26:8 참조).

그때 다윗이 뭐라고 하는가? 자신의 손을 들어 하나님이 기름 부으신 왕을 찌르지 않겠다고 말한다. 다윗은 사울 왕을 해치지 않는 대신 자신이 그곳에 왔다 갔다는 흔적으로 왕의 두 가지 물건을 가져갔다. 바로 '창과 물병'(삼상 26:12)이었다. 야전에서 전투하는 사람에게는 필수적인 물건들이었다. 다윗은 특히 두 물건 중에서 '창'에 더 많은 감정이 담겨 있었을 것 같다. 그 창이 어떤 창인가? 자기를 죽이려고 사울 왕이 여러 차례 던지던 바로 그 창이었다.

나중에 사울 왕이 잠에서 깨어나자 다윗이 멀리 서서 이렇게 말한다. "왕은 창을 보소서. 한 소년을 보내어 가져가게 하소서"(삼상 26:22). 이 창으로 당신을 죽일 수도 있었지만 그러지 않았다는 뜻이 아니었을까? 다윗은 사울의 창에 대해 이렇게 멋지게 되받았다. 사울 왕은 자기를 위해서 수금을 연주하는 다윗에게 창을 던져 죽이려고 했다. 그런데 다윗은 그 창으로 사울 왕을 죽일 수 있었으나 그렇게 되돌려주지 않았다. 복수하지 않았다. 창으로 복수하는 자는 창으로 망하게 되어 있다. 예수님이 말씀하시지 않았는가? "네 칼을 도로 칼집에 꽂으라. 칼을 가지는 자는 다 칼로 망하느니라"(마 26:52).

혹시 지금 당신은 창을 피하면서 살고 있는가? 일터에서 윗사람의 지적하는 말의 창에 찔려 피를 흘리는가? 까다로운 고객과 거래처 사람의 엉뚱하고 '진상' 같은 창에 찔려 피 흘리고 있는가? 그런데 그 창끝을 되돌려 복수하기만 하면 마음이 편한 것은 아니다. 문제가 해결되는 것도 아니다. "왕은 창을 보소서. 한 소년을 보내어 가져가게 하소서." 창을 던지는 상대방이 느끼고 생각하도록 다윗은 자기를 향해 날아오던 그 창을 되돌려주었다. 창을 되돌려줄 방법을 잘 궁리해보라. 어떻게 내가 받은 창을 효과적으로 돌려줄까 고민해보는 것이다.

이런 사람이 수금 연습에 매진한다. 다윗의 손에는 수금이 있었다. 평소에도 자주 연주하며 하나님을 찬양하고 시편을 노래하던 바로 그 수금 말이다. 사울 왕을 치유하고 그의 영혼을 달래주던 그 수금을 다윗이 연주했다. 우리도 창으로 복수하는 대신 수금을 연습해야 한다. 창 던진 그 사람을 진정으로 치유해줄 수 있는 멋진 도구가 바로 수금이다.

또한 다윗의 수금은 사울만 치유한 것이 아니었다. 다윗은 수금을 연주하며 하나님을 향해 자신의 억울함을 토로하고 기도하며 눈물 흘렸을 것이다. 수금은 사울만 위로한 것이 아니라 다윗 자신을 위로한 것이다. 창에 찔려 죽을 뻔한 자신을 수금으로 위로했다. 창에 찔려 신음할 때, 정말 괴로울 때, 이러다가 죽을 것 같을 때가 있는가? 그때 당신의 수금을 꺼내 연수하라. 노래하라. 기도하라. 하나님에게 다 하소연하라. 하나님이 우리의 넋두리를 다 받아주실 것이다. 우리 손의 수금이 우리를 치유해 줄 것이다.

사울 손의 '창'과 같이 사람들을 해롭게 하고 죽이는 능력을 가지려고 애쓰지 말아야 한다. 사람들을 치유하고 도와주고 나도 유익을 얻는 '수금' 연주를 통해 세상을 아름답게 할 수 있다. 다윗의 손에 수금이 늘 들려 있었던 것처럼 우리도 우리 인생의 '수금'을 늘 연습할 수 있어야 한다. 다윗에게 주셨던 그 귀한 복을 우리 하나님이 주실 것이다.

어려운 상황과 위기를 통해서도 배우라

앨버트 아인슈타인 박사가 한 학생으로부터 질문을 받았다.

"선생님은 이미 그렇게 해박한 지식을 가지고 계신데 어째서 배움을 멈추지 않으십니까?"

아인슈타인이 이렇게 대답했다.

"이미 알고 있는 지식이 차지하는 부분을 원이라고 한다면 원 밖은 모르는 부분이네. 원이 커지면 원의 둘레도 점점 늘어나 접촉할 수 있는 미지의 부분이 더 많아지게 되지. 지금 나의 원은 자네들의 것보다 커서 내가 접촉한 미지의 부분이 자네들보다 더 많네. 모르는 게 더 많다고 할 수 있지. 이런데 어찌 게으름을 피울 수 있겠나?"

왜 우리가 인생을 통해 계속 배워야 하는지 아인슈타인 박사가 제대로 가르쳐준다. 'On the Job Training'(OJT)이라고 하면 기업 안에서 하는 직원 교육방법 중 하나이다. 업무를 계속

하는 과정 속에서 직원들이 교육을 받는 것을 말하는데, 기본적으로 직장생활은 On the Job Training이라고 할 수 있다. 우리 인생이 학교이듯 우리는 직장생활을 하면서 배우게 된다. 당연히 배워야 한다. 일본의 경영자 마쓰시타 고노스케는 어린 시절에 가난해서 학교에 가지 못해 늘 부족함을 느꼈다. 그래서 만나는 사람들에게 뭔가 배워야 한다고 생각했고 실천했다. 그래서 그의 못 배움은 오히려 축복이었고, 그래서 배우려고 노력했던 것이 그가 말하는 성공 요인 중 하나였다.

다윗이 바로 그렇게 일하면서 배우는 사람이었다. 골리앗과 맞서 싸워 승리한 후 다윗은 사울 왕의 신임을 받으면서 군대의 장이 되었다. 하지만 사울 왕이 왕위의 위협을 느끼면서 미워했고 창을 던져 죽이려고 했다. 자기 목적을 달성할 수 없자 딸들과 결혼하게 해주겠다고 하여 블레셋 사람들을 통해 다윗을 없애려고 하기도 했다. 하지만 다윗은 기한도 되기 전에 요구받은 수보다 두 배나 많은 블레셋 사람 2백 명을 죽이고 돌아와서 왕의 사위가 되었다. 사울 왕의 입장에서는 작전도 실패했거니와 딸 미갈도 다윗을 사랑한다고 해서 더욱 다윗을 미워하게 되었다.

어떻게 이런 일이 있을 수 있을까? 너무도 극단적인 상황이다. 그런데 예외적인 상황이긴 해도 다윗이 겪은 일이 오늘 직장생활을 하는 사람들의 상황과 그리 동떨어진 이야기는 아니다. 한 번 생각해보자. 직장에서 대리인 내가 어떤 일을 잘 수행했다. 그런데 고마워해야 할 팀장이 오히려 나를 경계한다. 자기 자리가 위태로우니까 그럴 것이다. '저 녀석이 노리는 건 내 팀장 자리일 거야.' 아니, 자기도 승진하면 되지 왜 일을 잘한다고 그렇게 노골적으로 불공정하게 대하는 것인가? 그래서 이런 생각도 든다. '야, 이거 내가 그저 대충 일하면서 월급 받으면 되지, 뭐 한다고 이렇게 회사에 과잉충성을 하나? 그런다고 월급이라도 더 나오나?' 하지만 참아내면서 열심히 일하는데 팀장의 견제와 해코지는 점점 심해져서 나를 낭떠러지 위에다 세웠다. 이런 뜻이다. '떨어져 죽든가, 능력 있으면 저쪽 건너편 절벽으로 뛰어가라.' 도저히 할 수 없는 일을 시키고 강요하는 것이다. 누가 해도 하지 못할 일을 아무런 지원 없이 하라고 강요한다. 이런 때 어떻게 하면 좋은가?

남의 이야기 같지만 않은 절박한 상황에 처한 다윗은, 어떻게 그의 상황을 통해서 배운 것일까? 첫째, 다윗은 자신에게 닥친 부정적인 상황을 긍정적으로 보았다. 다윗은 사울 왕이 딸 미갈과 자신을 결혼시키려고 한다는 이야기를 듣고 왕의 사위 되는 것을 좋게 여겼다고 한다(삼상 18:16). 다윗이 블레셋 사람들 백 명을 죽이는 일이 쉽지 않다는 것을 왜 몰랐겠는가? 다윗이 골리앗을 죽인 후 블레셋 사람들은 '다윗'이라고 하면 이를 갈고 있다는 것을 모르지 않았다. 자신을 왕의 부마로 삼겠다는 것이 사울의 계략이라는 것을 다윗이 몰랐을 리도 없다. 자신의 목숨을 담보로 하는 위험천만한 기습작전이었고, 사울의 지시를 받은 사람들은 누구 하나 다윗을 도와주지 않았다. 그러나 다윗은 그 어려운 상황을 긍정적으로 보고 해결하려고 노력했다.

다윗의 마음속을 조금 더 들여다보자. 아마 다윗은 그 상황이 막다른 골목이라고 생각했을 것이다. 사울 왕의 맏딸 메랍과 혼담이 오갔던 이후 이번에는 왕이 두 번째 요구하는 것이고, 더구나 미갈 공주는 자기를 좋아한다고 들었다. 왕의 요구를 듣지 않으면 더 이상 버티기 힘들어 보였다. 이 상황은 정면으로 돌파하지 않고는 해결할 방안이 없다고 느꼈을 것이다. 일이 그렇게 되었다면 긍정적으로 사고하자고 생각했고, 그것은 어쩌면 체념에 가까운 결정이었을지도 모른다. '까짓것 한 번 싸워보는 거야! 골리앗을 져 숙이듯이 하면 되는 것 아니겠나? 사울 왕이 날 죽이려 해도 하나님이 왕으로 기름부으신 내가 그리 쉽게 죽겠는가?' 이런 확신에 근거한 자포자기 심정이었을 것이다. 다윗은 자신에게 닥친 위기를 기회로 여겼다. 걸림돌을 오히려 디딤돌로 전환시켰다. '어차피 내가 올라갈 목표는 저 위가 아니던가?' 그렇게 생각했다는 것이다.

설문으로 조사해 본 직장인의 관심사는 성공, 승진, 재테크,

대인관계 등이라고 한다. 그것들은 세속적인 욕심이니 늘 아래만 머물러 있는 것이 우리 그리스도인의 자세는 아닐 것이다. 궁극적인 우리 인생의 목적은 아니지만 우리의 목표 중 하나는 높은 지위일 수도 있다. 우리는 그 지위를 수단으로 하나님이 내게 주신 비전을 성취할 수 있다. 그런데 그런 높은 자리는 그저 쉽게 주어지지 않는다. 직위라는 것이 피라미드 구조로 되어 있기에 위로 갈수록 자리가 적어지는 것은 당연하다. 그러니 자신에게 닥쳐 온 위기를 기회로 여기고 상황을 긍정적으로 생각하는 태도가 중요하다. 다윗이 바로 그런 모습을 보여주고 있다.

둘째로 다윗이 배운 점은 어려운 상황에서도 지혜롭게 행하는 법을 깨달은 것이다. 다윗은 골리앗을 물리치고 군대의 장이 된 후에 점점 어려운 직업적 환경에 처했는데, 그때마다 그의 행동을 표현하는 성경의 묘사는 "지혜롭게 행했다"는 것이다. 사울이 다윗을 미워해서 천부장이라는 직책으로 강등시켜 떠나게 했을 때도 다윗은 백성들 앞에 출입하면서 모든 일을 지혜롭게 행했다. 하나님이 그와 함께 계심을 사람들이 확인할 수 있었다(삼상 18:14).

본사에서 팀장으로 있던 부장이 지사의 지점장으로 발령을 받았는데, 그 전임자는 한참 후배인 차장인 상황이다. 그런데도 다윗은 백성들과 함께하면서 모든 일을 지혜롭게 행했고, 백성들은 다윗을 사랑했다(삼상 18:16). 결국 사울 왕이 두려움을 느낄 정도였다(삼상 18:12). 이렇게 다윗처럼 좌천되었을 때도 지혜롭게 대처하는 것이 중요하다. 기분 나쁘다고, 여기 아니면 일할 곳이 없냐면서 뛰쳐나가는 것만이 능사가 아니다. 그럴 때 더욱 일을 잘해서 결국은 주변 사람들에게 알려야 할 메시지가 있는 것이다. 내가 겪은 상하 간의 갈등 원인은 나에게 있는 것이 아니라 윗사람에게 있다는 점을 입증할 수 있어야 한다.

다윗은 이후에도 블레셋 사람들이 쳐들어오면 다른 신하들보다 더욱더 지혜롭게 행했다. 적극적으로 적과 맞서 싸우면서 자신의 역할을 다했다(삼상 18:30). 다윗은 사울이 보내는 곳마다 어디서나 지혜롭게 행했다. 아마도 점점 더 여건이 좋지 않은 곳으로 좌천시켰을 것이 틀림없는데, 그곳에 가서도 역할을 제대로 다했다. 결국 다윗의 이름이 귀해졌다. 평소의 인격과 업무 자세, 일처리의 결과 등 모든 부분에서 다윗은 일관된 지혜를 보여주었기 때문이다. 흔히 사람들은 말한다. "나는 지금보다는 더 높은 지위가 주어지면 잘할 수 있어! 내가 고작 과장이 뭐야. 과장은 나한테 어울리지 않아. 팀장 정도는 되어야 나의 능력을 충분히 발휘할 수 있을 거야." 그러나 어떤 자리에서나 지혜롭게 처신하면 다윗처럼 이름이 귀중해지고 사랑받을 수 있다.

이렇게 다윗은 어려운 일터 상황 속에서 위기관리 능력을 배웠다. 이 위기관리 능력이 성공을 좌우한다. 사무엘서를 살펴보면 다윗이 겪은 위기와 사울이 겪은 위기는 비교가 되지 않는 것을 알 수 있다. 두 사람이 겪은 위기관리 능력은 확연하게 차이가 난다. 사울 왕이 겪은 위기는 무엇이었는가? 고작해야 집에서 잃어버린 나귀를 하인과 함께 찾아다닌 것이 전부였다(삼상 9:3-5). 온실에서 어려움 없이 곱게 자란 사람이라고 할까? 그러나 다윗은 사울 왕보다 훨씬 어린 시절부터 양을 지키기 위해 곰이나 사자 같은 맹수와 더불어 숱한 싸움을 해야만 했다. 이런 위기의 양적, 질적 차이가 두 사람 인생의 성공과 실패를 가져온 요인 중 하나였다.

그들의 일생을 비교해봐도 위기를 대처하는 능력에 있어 두 사람은 천지차이였다. 사울은 자기보다 힘이 센 골리앗 앞에서 두려워하고 고작 현상금을 내걸 뿐이었다. 하지만 다윗은 골리앗과 용기 있게 맞서서 하나님의 이름으로 싸워 이겼다. 사울은 자신의 딸들을 이용해서라도 정적을 제거하려고 했지만 다윗은 망명길에서도 부모와 가족들을 돌보는 사람이었다(삼상 22:1-4).

감정 처리 방법에 있어서도 두 사람은 차이가 났다. 사울은 다윗을 도와준 제사장 일가를 몰살시키면서 자신의 분풀이를 했다(삼상 22:16-19). 하지만 다윗은 분노해서 한 집안 사람들을 몰살시키려 나섰다가도 참을 줄 알았다(삼상 25:13,32-35). 인생을 살다 보면 실수할 수도 있는데, 결정적인 잘못을 했을 때에도 사울은 구차하게 변명하면서 책임을 회피했다(삼상 15:30). 하지만 다윗은 사울보다 더 심한 잘못을 저질렀을 때 회개하면서 책임을 졌다(삼하 12장). 이런 위기관리 능력의 차이가 결국은 인생의 성공과 실패를 가르는 요인이 되었다.

일하면서 갈등이나 위기가 있는가? 직업문제로 인해 고통받는 것이 있는가? 그렇다면 그 고통과 위기로 인해서 낙심하지는 말아야 한다. 마음의 여유가 없을 수도 있으나 인생에서 중요한 배움의 기회라고 생각해야 하겠다. 위기는 곧 기회이고, 그 순간은 하나님이 나를 시험하시는 것이라고 생각하며 시험을 당당히 치러내야 한다. 하나님의 능력을 의지하는 믿음으로 문제를 풀어갈 수 있어야 하겠다. 일하는 과정에서 이렇게 배움을 실천해 갈 때 우리는 다윗처럼 리더십을 얻을 수 있다.

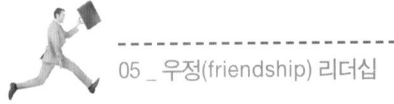

05 _ 우정(friendship) 리더십

함께할 사람들을 세우기

전에 직장사역연구소에서 열었던 직장인 모임에서 '일터의 우정'이라는 주제를 가지고 토론했던 적이 있다. 이야기를 진행해 나가야 하는데 진척이 잘 안 되고 논의가 계속 맴돌았던 질문이 있다. "일터에 과연 우정이 있는가?"라는 기본적인 질문이었다. 직장생활의 속성이 걸림돌이었다. 이익을 낸다는 공통의 목표가 있긴 하지만 그 목표를 달성하기 위해서도 서로 경쟁하는 상황이 아닌가? 그래서 마음을 터놓을 수 있는 우정이 비즈니스 현장에서는 존재하기 힘들다고 말하는 사람들이 의외로 많았다.

우리는 "비즈니스 세계에도 과연 우정이 있는가?"라는 질문을 새삼스럽게 다시금 던져봐야 한다. 톰 래스가 쓴「프렌드십 : 내 인생에 부족한 2%」(Vital Friends, 해냄 펴냄, 2007)라는 책이 있다. 이 책에서 직장 안의 우정에 대해 말한다. 물론 서양인들이 말하는 우정과 우리가 느끼는 우정에는 차이가 있다. 그 사람들의 친구 개념은 나이와 성별을 초월한다. 우리나라 사람들처럼 나이를 확인하기 위해 질문하고 답하는 것을 꺼린다. 우리의 친구 개념은 폭이 상당히 좁은 편이어서 일터의 우정이라고 하면 입사 동기 정도로 한계를 설정하는 경향이 있다. 서양 것이 다 좋은 것은 아니지만 여기서는 일터의 우정 개념을 조금 넓게 잡아보면 좋겠다.

우리가 가진 인간관계 속에서도 여러 가지 장벽을 초월한 강한 유대감이 있어서 가족이나 죽마고우 못지않은 정을 느낄 수 있는 상황이 있지 않은가? 예를 들어 전장에서 함께 피 흘리는 군인들의 전우애, 어려운 여건을 함께 고생하며 극복한 스포츠 선수들의 팀워크 같은 것이 있다. 이렇게 친밀도가 꽤 높은 우정을 비즈니스 현장의 상황에서도 생각해 볼 수 있다.

직장생활을 복되게 하는 우정의 유익을 만끽하라

성경 속에서 우정을 말할 때 대표적으로 언급되는

사람들은 다윗과 요나단이다. 요나단은 이스라엘의 초대 왕 사울의 큰아들이었다. 한편 다윗은 차기 왕으로 기름부음 받았다는 소문이 나도는 인물로 사울 왕가의 입장에서는 요주의 인물을 넘어 원수라고 할 수 있었다. 그런데도 다윗과 요나단의 우정은 보통이 아니었다.

이런 미묘한 관계였지만 다윗과 요나단은 서로를 아껴주고 세워주는 참다운 우정을 보여주었다. 요나단은 차기 대권을 스스로 챙겨야 하는데, 다윗을 감싸고돈다고 아버지 사울 왕에게 저주를 받으면서도 다윗을 챙겨주었다. 블레셋의 장수 골리앗을 물리치고 왔을 때부터 요나단은 다윗을 자기 생명같이 사랑했다. 자신의 겉옷을 벗어서 다윗에게 주었고, 군복과 칼과 활과 허리띠도 주었다(삼상 18:1-4).

만약 다윗이 요나단이 준 왕자의 복장과 무장을 한 채로 승전 퍼레이드를 했다면 어떤 상황이었을지 상상해보라. 다윗을 향해 환호하던 여인들이 "사울이 죽인 자는 천천이요 다윗은 만만이로다"(삼상 18:7)라고 노래할 때 다윗의 왕자 복장으로 인해 사울 왕의 심기는 더욱 불편하지 않았겠는가? 만약 그랬다면 요나단이 그런 오해를 심화시키는 빌미를 제공했던 것이기도 하다. 이 정도로 요나단은 다윗을 좋아했다. 나중에는 요나단의 누이 미갈과 다윗이 결혼을 했으니 둘은 처남과 매제 사이가 되기도 했다.

  사울 왕의 미움을 받게 된 다윗은 사울 왕이 창을 던져 죽이려고 한 일이 사울 왕의 진심인지 확인하고 싶었다. 그래서 요나단이 사울 왕의 의중을 떠보았다. 그랬더니 사울 왕은 정말 다윗을 죽이려는 마음을 가지고 있었다. 자신의 왕조를 이어가기 위해서라면 다윗을 죽여야 한다고 생각하고 있었다. 그 사실을 요나단이 다윗에게 알려주었다. 요나단은 이별을 슬퍼했지만 다윗을 축복하면서 떠나보냈다.

  이후 긴 망명생활을 마칠 무렵, 다윗은 이스라엘이 블레셋에 크게 패했다는 소식을 들었다. 길보아산 전투에서 사울 왕과 요나단이 함께 죽었다는 소식을 듣고 이렇게 애가를 불러 추모했다. "내 형 요나단이여 내가 그대를 애통함은 그대는 내게 심히 아름다움이라. 그대가 나를 사랑함이 기이하여 여인의 사랑보다 더하였도다"(삼하 1:26).

  왕위에 오른 다윗은 약속한 대로 요나단의 가족들을 찾아 돌보았다. 요나단의 아들 중 지체장애인이었던 므비보셋이 살아남았는데, 그를 자신의 식탁에서 식사할 수 있게 해주면서 왕자의 대접을 해주었다. 또한 사울 왕의 소유였던 땅을 모두 다 므비보셋에게 돌려주었다. 그들의 우정은 이렇게 한 사람이 세상을 떠난 후에도 길게 이어졌다.

하나님은 우리 삶의 여정에서 수시로 우정을 선물로 주신다. 어린 시절에는 동네 친구들과 뛰어놀고, 학교에 다니면서는 동창생들을 통해서 우정을 느끼게 하신다. 남자들은 군대에서도 전우애를 얻을 수 있고, 교회 안에서도 좋은 우정의 관계를 가질 수 있다. 더 넓게는 삶의 모든 영역에서 얼마든지 친구를 사귈 수 있다. 마찬가지로 비즈니스 현장에서도 좋은 친구를 만날 수 있다. 일터는 예외라고 생각하지 말고 어디서든지 좋은 친구를 만나는 귀한 축복을 누릴 수 있음을 기억해야 한다.

일터에서 우정을 나눌 수 있으면 참 좋다. 직장 안에서 우정을 나누면 어떤 좋은 점이 있는지 통계를 좀 보면 실감이 날 듯하다. 톰 래스는 앞의 책에서 우정의 유익에 대해서 이렇게 말한다. "절친한 친구가 건강한 식생활 습관을 가지고 있는 사람이 건강한 식습관을 가질 가능성은 그렇지 않은 사람들보다 다섯 배나 높다. 친구와 함께 식사를 하는 습관 때문이다." 또한 2001년에 미국 듀크대학교 연구팀이 조사했는데, 친구가 네 명 미만인 사람이 친구가 네 명 이상인 사람들보다 심장병으로 사망할 가능성이 두 배나 높다고 한다. 우정은 이렇게 건강에도 많은 영향을 미친다. 잘 알려진 이야기지만 우울증을 치료하는 데도 진심을 함께 나누는 친구가 약물이나 의학적 치료보다 효과가 있다고 하지 않는가!

비즈니스 현장에서도 질 높은 우정을 갖는 것이 중요한데, 그런 우정을 가지면 어떤 결과가 생기는가? 함께 일하면서 우정을 나누는 친구가 있으면 자신이 하는 일에 충실할 가능성이 일곱 배나 더 높다고 한다. 직장에 절친한 친구가 세 명 이상이면 자신의 생활에 만족할 확률이 96%나 높기도 하다.

물론 일을 하는 비즈니스 현장이다 보니 우정에도 부작용이 있다. 우선 일하는 시간과 쉬는 시간을 구분하지 못하거나 지나치게 수다를 떨거나 쉬는 시간이 길어지다 보면 일의 집중력이 떨어질 수도 있다. 개인적인 친분 때문에 업무와 관련된 사안을 처리할 때 공정성이 결여될 수도 있다. 윗사람들은 아랫사람들과 친해지면 공과 사를 구별하지 못해 지시를 무시하는 것을 염려할 수도 있다. 아울러 직장 안의 우정이 불평불만을 토로하고 공동의 적개심을 키우는 온상이 된다고 윗사람들이 두려워할 수도 있다.

그런 부작용이 있을 수 있지만 직장 안에서 우정을 가지면 좋은 점이 더 많다는 사실을 기억해야 한다. 그저 막연하게 좋을 것이라는 이야기가 아니고, 2002년부터 2004년까지 112개 나라, 거의 모든 산업 분야에서 근무하는 451만 명의 응답자들에게 설문조사를 해서 나온 통계수치를 가지고 톰 래스가 앞의 책에서 이야기하는 것이다.

직장에 절친한 친구가 있으면 어떤 장점들이 있는가? 우선 고객들에게 더 충실해지고 적은 시간에 더 많은 일을 하는 효율성이 증가한다. 회사생활이 재미있으니 사고율이 줄어들기도 한다. 친구와 함께 이야기를 나누면 자신이 회사 내의 소식에 밝다고 느끼고, 자기 의견이 가치가 있다고 생각하다 보니 아이디어를 내고 혁신을 도모하는 일에 더 적극적인 자세를 보인다. 이렇게 일터에 친구가 있는 것은 생산성 향상에도 도움을 준다. 또한 이런 우정은 사표를 막는 '접착제' 역할을 하기도 한다. 일이 힘들거나 떠날 생각이 들어도 일터에 마음 터놓고 즐겁게 이야기 나눌 수 있는 친구가 있으면 이직을 미루거나 포기하기도 한다는 것이다.

이런 우정은 직장 안의 동기나 동년배 사람들과 다소 수월하게 시도해 볼 수 있다. 아무래도 공감대도 더욱 많으니 쉽게 접근해서 친구가 될 수 있을 것이다. 문제는 직장 안에서 우정을 키워가기 힘든 사람들이 있다는 점이다. 바로 직장의 상사이다. 책임자이면서도 자신이 책임지고 있는 사람들을 계발하고 도울 생각을 하지 않는 상사도 있다. 대하기가 매우 힘든 까다로운 상사들도 있는데, 그런 상사들도 친구로 만들 수 있는 방법이 있는가?

자신이 먼저 친구가 되기 위해 노력하는 것이 중요하다. 전에 우리 가족은 10년 동안 살던 동네에서 이사를 해서 현재 사는 집으로 왔다. 이사 후 당시 초등학생이고 중학생이던 우리 집 아이들이 낯선 곳으로 전학 와서 친구들을 사귀는 모습을 가만히 살펴보았다. 어려운 것이 결코 아니었다. 함께 있고 싶어 하고 같이 놀고 싶어 하는 아이들과 친구가 되었다. 만났을 때나 혹은 전화로 이야기를 많이 나누는 아이들과 쉽게 친구가 되는 것을 보았다. 일터의 우정도 비슷한 방법으로 만들어지지 않겠는가?

친구가 되기 힘든 상사들과 친구가 되기 원한다면 비슷한 노력을 해야 한다. 상사에게도 자신의 어려움을 이야기할 수 있어야 한다. 이야기 나눌 수 있는 기회, 즉 식사 자리나 차 마시는 시간, 회식 자리에 함께하거나 취미활동을 함께 할 수도 있다. 그런 기회를 적극적으로 활용하여 친해지고 삶을 나눌 때 윗사람과도 친해질 수 있다. 이 원리는 아랫사람을 대할 때도 마찬가지다. 윗사람으로서 자존심이 상해서 피할 수도 있으나 자신의 부족한 점, 아쉬운 점, 고민 등을 아랫사람과 함께 나눌 수 있어야 한다.

직장 안의 우정에 대해서 부정적인 견해를 가진 사람들은 요즘 우리 시대의 일터의 분위기는 몸이 아파도 동료들에게 이야기를 하지 못한다는 점을 강조한다. 몸이 좋지 않아 치료를 받고 있다는 사실이 일터 동료들에게 알려지면 새 프로젝트가 시작되거나 중요한 일이 있을 때 건강상의 문제로 배제될 수 있다고 걱정할 정도이다. 이런 상황에서 무슨 직장 안의 우정이 있느냐고 반문하기도 한다. 하지만 직장을 그렇게 경직된 곳으로만 이해하지 말고 사람이 함께하면서 얻을 수 있는 귀한 것들을 함께 나누는 '공동체'로 여기는 자세가 필요하다. 동양적인 정서로 더 자연스러운 '확대 가족'으로 보면서 노력해보는 것이다.

사람들은 직장생활을 하면서 많은 것을 얻는다. 기본적으로 경제적인 이익을 얻고, 인생의 학교라고 할 수 있는 직장에서 경험과 연륜을 쌓는다. 그런데 그것보다 더 귀중한 것은 직장생활을 통해 얻는 우정이 아닐 수 없다. 평생을 함께 할 수 있는 우정을 우리의 일터에서 얻을 수 있다. 혹시 지금 일하고 있는 일터를 떠나게 되더라도 그곳에서 나눈 우정을 평생 계속 지속할 수 있다면 다른 어떤 것보다 가치 있는 보배를 얻는 것이다.

예수님은 말씀하셨다. "사람이 친구를 위하여 자기 목숨을 버리면 이보다 더 큰 사랑이 없나니"(요 15:13). 그렇게 말씀하신 예수님은 자신이 하신 말씀을 몸소 실천하셨다. 예수님과 함께 했던 친구인 제자들뿐만 아니라 "너희는 내가 명하는 대로 행하면 곧 나의 친구라"(요 15:14)라고 하신 대로 바로 나를 위해서도 십자가에 달려 대신 죽임을 당하셨다. 우리의 우정은 바로 이런 예수님의 진짜 우정, 우정의 본질에 뿌리가 닿아 있다. 예수님을 본받아 일터에서도 참다운 우정을 얻을 수 있도록 노력해야 하겠다.

일터를 함께 세워가는 공동체 의식을 발휘하라

요즘은 연봉제의 확산으로 한 직장에서도 동료들끼리 연봉이 얼마인지 모르는 시대가 되었다. 연봉 차이가 커서 동창회에 가도 많이 받는다고 자랑하는 것이 아니면 자기의 연봉에 대해서는 잘 이야기하지 않는다고 한다. 평생직업 개념의 등장으로 사람들이 일터에 대해 전처럼 정적인 친밀감을 느끼지 못하게 된 것도 현실이다.

IMF를 거치면서 회사를 위해 평생 일하겠다는 생각보다는 기회만 되면 언제든지 떠날 준비를 하는 직장인들이 꽤 많다. 설문조사를 해봐도 신입사원들이 입사한 회사에서 한 4~5년 정도 일하다가 떠나겠다고 응답하는 사람들이 가장 많다고 한다. 1년 이내에 이직하는 신입사원들도 많아서, 특히 중소기업에서는 열 명 중 네 명의 신입사원은 입사 1년 내에 퇴사하는 현실이다. 경영자들은 애쓰고 투자해서 직원들을 키워놓으면 떠나서 다른 기업에 좋은 일만 하게 되어 서운하고 허탈해하기도

한다. 배신감을 느낀다는 경영자들도 여럿 만나보았다. 이런 풍조가 이제 현실이 되어가고 있다.

그런데 한 일터에서 함께 일하며 자기가 한 배를 탔다는 공동체 의식이 없다면 일터의 팀워크는 유지되지 않는다. 이런 점에서 다윗과 그를 따르는 사람들이 보여준 '일터의 공동체 의식'은 일터 속 우정의 근거가 되는 생각으로 우리가 배울 만하다.

사무엘상 30장은 다윗이 블레셋 왕 아기스에게 가서 시글락 성을 얻고 안정된 생활을 하던 망명 시기를 배경으로 한 이야기를 전해준다. 블레셋이 사울 왕과 맞서 전쟁을 하려고 하는데 다윗도 참전하려고 했다. 만약 하나님이 개입하지 않으셨다면 그 참전으로 다윗은 하나님 백성의 나라 이스라엘을 대적하는 엄청난 죄를 저지를 뻔했다. 아기스 왕의 참모들이 적절히 조언하여 다윗은 참전하지 못하고 거처였던 시글락 성으로 돌아왔다. 그런데 평소 다윗이 가서 노략질했던 종족들이 복수를 하여 시글락 성이 불타고 가족들은 모두 사로잡혀갔다. 그제야 다윗은 제정신이 들어 하나님에게 기도해서 응답을 받은 후 가족들과 재산을 찾아오기 위해 추격을 시작했다.

그런데 그때 다윗의 무리 가운데 문제가 생겼다. 600명의 사람들 중에 200명은 더 이상 걷지도 못할 정도로 지쳐 있었다. 작은 시내를 건널 힘도 없었다. 연이은 강행군 탓이었을 것이다. 그때 다윗은 200명은 머물게 하고 400명만 데리고 적을 추격했다. 이런 조치로 400명의 참전자들이 남은 200명에 대해 부정적인 생각을 할 소지가 있었다. 아무리 피곤하다고 자기 가족들의 생사가 걸린 전쟁에 참전하지 못하느냐고 생각했을 것이다. 그러나 넓은 의미의 공동체를 생각할 때 몸도 가누지 못하는 200명은 전쟁에서 오히려 짐이 될 수도 있었을 것이다. 이것이 바로 공동체를 염두에 둔 다윗의 판단이었다.

또 한 가지 다윗이 보여준 넓은 의미의 공동체 의식이 있다. 적군의 낙오병인 한 애굽 소년에게 호의를 베푼 것이다. 다윗은 그 불쌍한 소년에게 먹을 것을 주고 치료해주었다. 그런데 이렇게 베풀어준 호의가 추격해야 할 아말렉 족속을 찾는 일에 큰 도움을 주었다. 그 소년의 인도로 다윗은 적을 쉽게 찾을 수 있었고, 소년의 제보로 적을 제압하는 일에도 상당한 도움을 받았을 것이다. 이것을 넓은 의미의 공동체 의식이라고 할 수 있다.

아말렉 족속을 추격한 다윗의 무리는 하나님의 도우심으로 큰 승리를 거두었다. 온 땅에 편만했다고 묘사될 정도로 적군이 많았는데, 그 많던 적군들 중에서 400명만 살아 돌아가고 나머지는 모두 죽었다. 이런 큰 승리를 거둔 후에 다윗의 무리 중 불량배들 몇 사람이 문제를 일으켰다. 함께 참전하지 않고 뒤에 머물러 쉬고 있던 200명의 동료들을 만났을 때 그들의 악한 생각이 발동했다. 그들은 200명의 동료들에게는 가족들만 돌려주고 빼앗긴 물건이나 전리품은 나누어주지 말자고 제안했다. 합리적인 것처럼 보이지 않는가? 이 사람들의 제안은 능력에 따라 대우받는 사회로 변모한 우리 사회의 냉정한 현실을 그대로 반영해준다. 그러나 이때 다윗은 분명하게 결정했다. 다윗은 남아 있던 200명에게도 가족뿐 아니라 빼앗긴 물건이나 전리품도 나누어주어야만 한다고 사람들을 설득했다. 그 이유는 간단했다.

첫 번째 이유는 그 남아 있던 사람들도 한 '형제'였기 때문이다. 그들은 어제까지 전투를 함께했던 형제였다. 얼마나 탈진했으면 자기 가족들의 생사가 걸린 전투에 참여할 힘이 없었겠는가? 그러니 다윗은 그 전쟁에서 이긴 결과를 다함께 나누어야 한다고 주장했다. 어려운 때 함께 할 수 있는 사람이 진정한 친구이다. 우리와 함께 일하는 동료가 중요한 일인 데도 못한다면 그것은 정말 힘들고 어려워서 못했을 가능성이 높지 않은가? 이런 때 진정한 우정이 필요하다.

두 번째 이유는 하나님이 보호하셔서 수많은 적들을 물리치는 전쟁을 하면서도 그들 중에는 죽은 사람이 없었기 때문이다. 400명이 참전해서 400명이 살아 돌아온 것은 전적으로 하나님의 은혜가 아닌가? 사실 그들이 열심히 싸워서 승리한 것 같지만 하나님이 함께하셨기에 그들이 한 사람도 죽지 않고 400명

그대로 돌아올 수 있었다. 그 전쟁은 하나님이 이기게 해주신 은혜의 결과였다. 그러니 다윗은 전리품을 형제들과 나누어야 한다고 설득했다.

직장에서 일을 하며 내가 하는 일이 나 혼자만 잘해서 되는 것이 아님을 알고 있는가? 결국 동료들의 도움이나 윗사람들의 끌어줌, 아랫사람들의 밀어줌이 함께 어우러져야 내가 성공할 수 있지 않던가? 이런 사실을 알면서 일하는 사람은 뭔가 다르다. 그런 사람은 일하는 맛을 알고 멋을 아는 사람이다.

이 두 가지, 형제 의식과 하나님의 은혜가 바로 공동체 의식의 근거이다. 나의 '형제들'과 '하나님이 주신 것'을 함께 나누는 것은 지극히 당연하다는 논리이다. 21세기 능력 위주 사회에서도 이런 공동체 의식은 꼭 필요하다. 많이 가진 자, 능력을 가진 자는 열심히 일한 만큼 벌어서 잘 산다. 그런 사람이 멋있어 보이고 부럽기도 하다. 그러나 능력 많고 가진 것 많은 사람이 다른 사람들보다 더 일 하고도 자신에게 돌아올 것을 좀 덜 가진다면 그 사람이야말로 정말 훌륭한 사람이다. 이렇게 자신이 가진 인생의 자원을 함께 나누는 것이 진정한 우정이다.

자본주의 국가의 복지제도가 차등 납세, 누진 납세 제도를 유지하는 것도 바로 이런 공동체 의식에 기반을 두는 것이고, 이것이 사실은 성경의 원리이다. 많이 가진 자가 못 가진 사람과 나누어서 균등하게 하는 원리이다(고후 8:14). 150+50=200인데 그것을 둘로 나누어서 100씩 가진다는 원리이다. 우리의 일터나 세상의 현실을 생각하면 참으로 적용하기 힘이 드는데, 어떤 생각이 이런 공동체 의식, 사회적 우정이 가능하게 하는지 다윗의 생각을 조금 더 깊이 살펴보자.

공동체 의식을 주장하는 다윗의 생각은 참으로 놀라웠다. 전쟁에 참전하지 않은 200명의 동료들에 대해서 분노하며 가족들만 돌려주자고 하던 그 악한 사람들을 가리켜서도 다윗은 '형제'라고 부르고 있다(삼상 30:23). 그들은 '악한 사람들'이고 '트러블 메이커'(the evil men and troublemakers, NIV)라고 영어 성경은 표현한다(삼상 30:22). 사실 다윗의 입장에서는 가족을 구하러 가는 전쟁에 참전하지도 못할 만큼 지쳐 뒤떨어져 있던 200명의 부하들보다 크게 승리한 이후 공동체의 팀워크와 승전 분위기를 깨뜨리는 그 탐욕적인 몇 사람이 더 못마땅했을 것이다. 그러나 다윗은 그들마저 형제라고 부르기를 주저하지 않았다.

"나의 형제들아." 다윗이 자기 사람들을 형제라고 생각했던 것이 결코 말만의 허풍은 아니었다. 나의 사람들에게 약점이 있고 나쁜 점이 있고 공동체를 그르치려고 해도 그들을 품에 안고 있는 것이다. 이것이 바로 리더십이다. 아랫사람들을 결코 포기하지 않는 자세가 바로 진정한 우정이다. 멋진 리더가 가진 바람직한 공동체 의식이 아닐 수 없다.

전쟁에서 승리하고 전리품은 얻었는데 사람을 잃으면 그것은 말짱 도루묵이다. 사람들은 보통 전쟁에서 승리해도 전리품을 가지고 싸운다. 그래서는 얻는 것이 없다. 말썽 부리는 아랫사람들마저 결코 포기하지 않는 다윗의 자세가 바로 전리품을 대하는 바람직한 자세이다. 전리품 자체보다 사람과의 관계, 바로 사람이 더 중요한 것을 다윗은 알았던 것이다.

사도 바울은 교회를 핍박하고 예수 믿는 사람들을 잡아 죽이는 일을 하던 자신을 아나니아 선지자가 "형제 사울아"라고 불러준 것을 기억했다. 바울은 구원 공동체 안에 들어온 놀라움과 함께 그 형제 사랑의 감격을 평생 간직하고 있었다(행 9:17, 22:13). 그래서 사도 바울은 자신도 형제들을 위해서는 어떤 희생도 감수하려는 결심을 했다. 우상에게 바친 음식을 먹는 문제로 시험을 받는 형제가 있다면 자신은 평생 고기를 먹지 않을 수 있다고 결심했다(고전 8:13). 복음을 배척하는 동족에 대한 안타까움으로 인해 간절하게 자신의 심경을 표현했다. "나의 형제 곧 골육의 친척을 위하여 내 자신이 저주를 받아 그리스도에게서 끊어질지라도 원하는 바로라"(롬 9:3). 믿음으로 구원받은 사람은 그리스도에게서 끊어지지 않는다. 그런데 이렇게 안타깝게 형제들을 사랑한 사람이 바울이었다.

이런 형제 사랑은 교회 공동체 안에서 누리는 진정한 우정인데, 이런 우정을 다윗이 일터 공동체에서도 보여주고 있는 것이다. 다윗이 보여주었던 공동체의 평등 원칙은 오늘날 우리의 일터에서도 적용되어야 한다. 그래야 우정이 넘치고 일할 맛 나는 일터가 될 수 있다. 살벌하고 사람의 냄새라고는 전혀 나지 않는 일터는 오랜 역사를 자랑할 수 있는 지속적인 일터는 못될 것이다.

다윗이 보여주었던 일터의 공동체 의식은 거창하고 커다란 일만 해야 드러나는 것은 아니다. 야근을 오랫동안 해야 하는 동료를 위해 함께 남아서 일을 도와주는 모습이 바로 일터 공동체의 사랑이다. 동료들의 고민을 함께 나누며 덜어주고, 집안에 어려움이 있을 때 진심으로 걱정하며 따뜻한 정을 나누는 것이 공동체이다. 이런 작은 실천을 통해서도 우리 일터에서 진정한 공동체 의식이 꽃필 수 있을 것이다.

일터에서 사람을 남기는 직장생활을 하라

직업을 가진 사람들이 일터에서 보여줄 수 있는 진정한 우정은 사람을 '유산'(legacy)으로 남기는 것이다. 일하면서 우정을 맺은 사람들이 결국 우리 인생을 보람되게 한다. 스티븐 헤렉 감독의 멋진 영화 〈홀랜드 오퍼스〉(Mr. Holland's Opus, 1995)는 한 사람이 인생에서 남겨놓는 평생의 역작(opus)이 무엇인지 질문한다. 음악도 아름답고, 감동과 여운을 주는 좋은 영화이다.

음악대학을 졸업한 글렌 홀랜드는 위대한 교향곡을 작곡해 이름을 날린다는 꿈을 꾸는 야심찬 청년이었다. 홀랜드는 아내와 결혼한 후 자신의 꿈을 이루기 위해 한 고등학교의 음악교사가 된다. 4년 동안만 교사생활을 하다가 사직하고 이후에는 교향곡 작곡에만 전념하겠다는 생각이었다. 자신의 꿈을 이루기 위한 종자돈을 마련하기 위한 잠깐의 '외도' 정도로 교사 일을 시작한 것이다.

그러나 첫 출근을 한 홀랜드는 난감했다. 홀랜드가 지도할 교향악단과의 첫 연습은 불협화음만을 남긴 채 끝나고, 첫 음악 수업은 학생들과 한마디의 대화도 없이 끝나버린다. 결국 고민하던 홀랜드는 당시 금기였던 로큰롤을 통해 흥미를 유발하며 학생들을 설득하기 시작한다. 결국 4년만 교사로 일하자던 홀랜드 선생은 젊은 날을 다 바쳐 일하게 되었다.

우리가 인생을 살다 보면 내 생각과는 다른 방향으로 내몰리는 때가 더러 있다. 꿈을 가지고 나아가지만 그리 여의치 않은 때가 있다. 홀랜드 선생처럼 억지로 일을 하게 되는 경우도 있다. 직장생활을 하는 많은 사람들은 자신이 원하는 일을 하는 경우가 그리 많지 않다. 한 회사에 입사해도 자신의 적성과 재능보다는 '빈자리'에 배치받아 일하게 되는 경우가 많다. 이 영화는 바로 오늘 우리 직장인들이 보통 가게 되는 과정을 보여준다.

그렇게 원치 않던 교사의 일을 시작한 글렌 홀랜드 선생의 나이도 어느새 60세가 되어 30년간이나 아이들을 가르쳤다. 자신이 학교를 떠나면 예산문제로 인해 음악수업 자체가 폐지되는 것이 안타까워 백방으로 애써보았으나 수포로 돌아갔다. 그래서 퇴직하는 날 마음이 울적했는데 강당에서 이상한 소리가 들려왔다. 강당으로 가보니 재학생과 졸업생들이 모여 홀랜드 선생님의 퇴임식을 준비하고 있었다. 앞에는 현수막이 붙어 있다. "굿바이, 미스터 홀랜드." 학생 때 클라리넷을 배우며 꿈을 품고, 열등감을 극복했던 소녀 거트루드 랭이 주지사가 되어 와서 홀랜드 선생님의 퇴임식 축사를 했다.

"선생님은 교향곡 작곡을 통해서 유명해지고 싶으셨습니다. 그러나 선생님은 우리에게나 유명하실 뿐입니다. 그러나 선생님, 우리가 바로 선생님의 교향곡입니다. 우리가 선생님이 쓰신 작품의 음표입니다. 선생님은 우리를 작곡하셨어요. 글렌 홀랜드 선생님, 주위를 돌아보세요. 모두 다 선생님께 영향을 받은 제자들입니다. 선생님 덕분에 모두 훌륭히 성장했지요. 이젠 선생님께 돌려드려야 할 때입니다. 지휘봉을 잡아주시겠습니까? 선생님의 '아메리칸 심포니'를 직접 지휘해주시겠습니까?"

홀랜드는 평생 한 곡의 교향곡을 작곡했는데 작곡가가 아니어서 초연도 하지 못했다. 그래서 제자들이 몰래 선생님의 퇴임식을 준비하면서 교향곡을 연습하여 선물한 것이었다. 홀랜드 선생님은 30년 동안이나 가르친 그의 제자들로 구성된 교향악단을 통해 자신의 작품을 초연하면서 영화는 감동적으로 끝난다. 제목대로 〈홀랜드 오퍼스〉는 홀랜드 선생님의 오퍼스(opus), 즉 평생의 작품이 무엇인가 질문한다. 그의 작품은 평생 성공하기를 바라며 추구했던 교향곡이 아니었다. 평생을 바쳐 함께하며 가르친 그의 제자들이었다.

우리도 우리의 인생에서 남길 것은 바로 사람이다. 일터에서 일하면서 동료들을 마음에 두고 섬길 때 우리는 결국 우리의 마음을 다하여 사람을 섬기는 것이다. 이 영화는 한 사람의 인생에서 진정한 성공은 인생의 작품을 제대로 남기는 것이라고 지적하고 있다. 우리 역시 우리의 일터에서 사람을 남겨야 한다. 사람이 곧 우리 인생의 작품이다. 이것이 일터에서 우리가 얻을 수 있는 진정한 우정이다.

예수님이 자신을 부인했던 베드로를 찾아와 하신 말씀이 우리 인생의 중요한 가치인 사람의 중요성을 보여준다. 예수님은 베드로에게 진정 나를 사랑한다면 "내 어린 양을 먹이라. 내 양을 치라. 내 양을 먹이라"고 반복해서 강조하셨다(요 21:15-17). 이것이 결국 예수님이 베드로를 처음 부르셨을 때 "이제 후로는 네가 사람을 취하리라"(눅 5:10)고 하신 말씀을 구체적으로 보여주신 것이다. 베드로와 제자들에게는 사람들을 주님에게로 인도하며 양육하는 사명이 주어졌다.

이 사명은 또한 우리에게도 주어졌다. 크리스천 직장인들이 일터에서 사람을 남기려면 어떻게 해야 하는가? 참다운 친구를 얻기 위해서는 먼저 친구가 되어야 한다. 전도서 기자는 친구에 대한 교훈을 주는데, 직장 안의 우정을 잘 말해준다. "두 사람이 한 사람보다 나음은 그들이 수고함으로 좋은 상을 얻을 것임이라. 혹시 그들이 넘어지면 하나가 그 동무를 붙들어 일으키려니와 홀로 있어 넘어지고 붙들어 일으킬 자가 없는 자에게는 화가 있으리라"(전 4:9-10).

두 사람이 함께 일할 때 더 좋은 결과를 얻을 수 있다는 교훈은 일을 해본 사람이라면 더욱 실감한다. 둘 가운데 하나가 넘어지면 다른 한 사람이 동료를 일으켜 줄 수 있다는 말씀도 직장생활을 하는 사람이라면 공감할 것이다. 그런데 일터에 이런 친구들이 있는가? 내게는 이런 친구가 없다고 불평할 수 있는데, 불평보다는 자신이 먼저 동료들에게 그런 친구가 되기 위해 노력해야 한다. 어려운 상황에 있는 사람을 도와주면 그와 친구가 될 수 있다. 반대로 내가 어려운 상황에 처했을 때는 도움을 청할 수 있는 사람에게 진심으로 도움을 청하면 된다. 그러면 그가 나의 친구가 되어 줄 수 있다.

종이 중병에 걸렸을 때 유대인 장로들을 예수님에게 보내어 고쳐달라고 부탁한 로마군 백부장이 먼저 친구가 되는 우정에 대해 잘 알려준다. 백부장의 친구였던 장로들은 아마 당시 유대인들이 예수님에 대해 가졌던 비판적 시각과 크게 다르지 않게 예수님에 대해 평가하고 있었을 것이다. 그런데도 그들이 자존심을 버리고 젊은 예수님에게 가서 백부장의 종을 고쳐주시기를 간절히 구한 것은(눅 7:4) 그 장로들이 백부장과 맺고 있던 우정 때문이었다. 백부장이 먼저 유대인 장로들을 위해 회당을 지어주는 헌신적인 우성을 보였기 때문이다. 아마도 유대교의 회당을 로마군 백부장이 공적 자금으로 지어주기는 힘들었을 것이다. 그렇다면 그 비용은 백부장이 사재를 털어 감당한 것으로 추측할 수 있다. 이런 희생적인 헌신이야말로 진정한 친구관계를 가능하게 하지 않았겠는가? 참다운 친구관계는 이렇게 서로 자신의 귀한 것을 희생함으로써 가능해진다. 당신은 일터의 동료들을 사랑하는가? 얼마나 당신의 귀한 것을 그들에게 주었는가?

또한 일터의 우정은 하나님이 우리에게 주신 사명을 함께 나누는 기회로 삼을 수 있어야 한다. 바벨론 궁궐에서 볼모로 살아가면서 하나님을 믿는 사람의 정체성을 유지하기 위해 노력했던 다니엘과 세 친구들에게서 사역을 함께하는 우정의 모델을 발견할 수 있다. 다니엘서 2장에 보면 느부갓네살 왕이 꿈을 꾼 후에 신하들에게 해몽하라고 요구했을 때 다니엘은 그 문제를 친구들에게 가지고 가서 함께 사생결단의 기도를 했다. 하나님이 느부갓네살 왕의 꿈을 알려주셨고, 느부갓네살은 다니엘에게 바벨론의 모든 지방을 다스리고 바벨론의 모든 지혜자의 어른이 되는 지위를 부여했다. 이때 다니엘이 느부갓네살 왕에게 몇몇 인물들을 추천했다. 다니엘은 자기의 친구들인 하나냐와 미사엘, 아사랴를 중요한 자리에 천거했고, 결국 세 친구들은 고위관리가 되어 다니엘과 동역했다.

다니엘이 일터에서 친밀한 우정 관계를 가지면서 친구들과 함께 지낸 일은 사역적 측면에서 매우 중요한 일이 아닐 수 없다. 결국 이 우정은 일터의 인맥이기도 하다. 우리 크리스천들에게 있어서는 영적 네트워킹이라고 할 수 있다. 함께 기도하며 하나님에게 응답을 받아서 어려운 문제를 해결할 수 있는 일이야말로 진정한 영적 우정의 효과이다. 다니엘과 세 친구들은 오랜 세월을 바벨론 정치 현장에서 함께 일하며 정치적 역량의 시너지를 창출했고, 결국 하나님의 통치를 당시 세계 최대 제국을 통해 세상에 구현하는 역사를 이루었다. 그 일은 결국 포로생활을 하던 유다 백성들의 귀환을 돕는 정치적인 성과로도 열매를 맺었다(단 1:21, 6:28). 다니엘의 일터 속 우정, 신앙 인맥이 놀라운 일을 가능하게 했다.

사도 바울도 일터에서 사역과 연관된 우정을 보여주면서 선교사명을 완수했다. 바울은 순회전도를 하면서 장막 만드는 일을 했는데, 브리스길라와 아굴라 부부를 고린도에서 만나 함께 장막 만드는 일로 동업했다(행 18:1-3). 이들은 평신도 선교사의 사명을 가지고 바울과 함께 선교사역을 감당했다. 고린도에서 바울과 함께 일하다가 다음 선교지 에베소로 바울과 함께 떠났다. 에베소에서는 자신들의 집을 교회로 제공하면서 사역했다(고전 16:19). 그리고 회당에서 담대하게 율법을 전하는 알렉산드리아 출신의 아볼로를 자기의 집으로 데리고 와서 양육하여 탁월한 기독교 변증가로 세우기도 했다(행 18:24-28). 아마도 이 부부는 바울이 에베소를 떠난 후에도 에베소에서 가정교회를 섬기며 사역했을 것으로 보인다.

브리스길라와 아굴라 부부는 바울이 일터에서 우정을 통해 양성한 직업 선교사였다. 이 부부의 사역은 에베소에서 그치지 않는다. 바울은 로마서를 보내면서 말미에 이 부부의 안부를 물으며 그(의 집에 있는) 교회에 대해서도 문안하라고 말한다(롬 16:3-5). 이들은 에베소를 떠나 그들이 전에 나왔던 로마로 다시 가서 자신들의 사업장을 열고 로마의 가정교회 운동의 지도자가 되었던 것이다. 일터의 우정을 통한 멋진 선교사역의 동역을 바울과 아굴라 부부가 잘 보여주고 있다.

06 _ 정직(honesty) 리더십

거짓말, 거짓 행동의 유혹을 이기기

20년 전이지만 월간 〈일하는 제자들〉의 편집장으로 일하면서 겪었던 부끄러운 기억이 남아 있다. 당시 거래하던 인쇄소에서 자주 인쇄 사고를 내어 예전에 거래하던 인쇄소로 거래처를 바꾸려고 했다. 전화로 인쇄 가격을 조율하는데 현재 거래하는 인쇄소의 인쇄비 단가를 알려주면 그 가격에 맞추어주겠다고 했다. 그런데 눈앞에서 인쇄비 단가가 적힌 거래명세서를 확인했으면서도 가격을 500원 낮추어 예전 가격으로 말했다. 분명한 거짓말을 한 것이었다. 그렇게 해야 하겠다고 마음먹었던 것도 아닌데 너무도 자연스럽게 인상되기 전의 예전 가격으로 거짓말을 했다. 전화를 끊고 나서 곧 다시 전화해 거짓말해서 미안하다고, 사실은 단가가 더 높다고 고백했지만 참 씁쓸한 경험이었다.

이후 사무실에 오게 된 그분이 다시 용서를 구하는 나를 위로한다고 이렇게 말했다. "그런 일 자주 있는 일입니다. 우리 영업사원들은 숨 쉬는 것 빼고 하는 말은 모두 다 거짓말이라고 그럽니다." 영업사원의 애환을 담은 애교 섞인 농담이었지만 나는 다시 한 번 부끄러움을 느끼지 않을 수 없었다.

일상에서 다반사로 겪는 일이라 감각이 별로 없는 것이 탈이지만 거짓말은 대단한 힘을 가지고 있다. 물론 악하고 부정적인 영향력이다. 공동체의 존재 근거를 허물어뜨릴 만한 엄청난 힘이 거짓말에 들어 있다. 거짓말은 보통 이기적인 탐욕이나 허영심, 명예욕 등과 연관되어 '합병증'을 나타내는 것이 보통이기 때문이다. 우리의 일터에서 거짓말이나 거짓 행동이 왜 문제가 되고, 정직이 어떤 가치를 가지고 있는지 다윗의 생생한 경험을 통해 확인해보자.

거짓말의 치명적인 유혹에서 벗어나라

골리앗을 물리치고 이스라엘을 위기에서 구한 다윗은 군대의 장이 되어 사울 왕의 신하로 일하게 되었다. 하지만 질투로 인한 미움을 받은 다윗은 사울 왕이 자신을 죽이려는 것이 분명하다는 판단을 한 후 망명을 결심한다. 갑작스러웠던 일이라 마땅히 도움을 받을 만한 사람도 없어서 성소에 있는 제사장을 찾아갔다. 다윗은 그곳에서 자신이 사울 왕의 심부름을 가고 있다고 거짓말을 했다. 따르는 병사들도 여인을 가까이하지 않았으니 제단에 진설한 후 물려낸 떡을 먹을 수 있다고 하며 진설병을 달라고 했다. 또한 다윗은 다시 한 번 왕의 심부름을 간다고 거짓말을 하며 의심하는 제사장을 안심시켜 골리앗이 쓰던 칼도 얻었다(삼상 21:1-6).

다윗의 거짓말이 그랬던 것처럼 사람들은 거짓말을 계획적으로 하는 경우보다는 엉겁결에 하게 되는 경우가 많다. 갑작스러운 상황에서 당황하며 위기를 벗어나기 위해 순발력 있게 거짓말을 한다. 하지만 보다 멀리 바라보며 합리적인 판단을 하지 못하고 자신을 궁시에 몰아넣는 사충수를 두는 것이나. 다윗은 사울 왕의 곁을 떠나 망명하게 되었으므로 하루빨리 자신이 생존할 수 있는 근거를 확보해야겠다는 목적의식이 앞섰다. 그러다 보니 어쩔 수 없다고 판단하고 성소에서 제사장에게 거짓말을 했다.

다윗이 그렇게 자기의 처지와 상황에만 집중하다 보니 결정적인 실수도 저질렀다. 성소에서 제사장에게 음식과 칼을 받을 때 그곳에 와 있던 도엑이라는 사울 왕의 신하에 대해 의심할 여유도 못 가졌던 것이다. 도엑은 에돔 사람으로 사울 왕의 목자장이었다(삼상 21:7). 결국 이런 다윗의 치명적인 실수는 다윗의 도덕성에만 흠집을 낸 것이 아니라 엄청난 결과를 불러왔다. 사울 왕은 도엑의 밀고를 받고 다윗을 도운 아히멜렉의 집안에 속한 85명의 제사장들과 그 성읍의 남녀들, 심지어 아이들과 젖먹는 아이들까지 학살했다(삼상 22:18-19).

거짓말이 초래할 수 있는 이런 엄청난 결과를 우리는 기억해야 한다. 거짓말은 거짓말하는 사람의 영적 문제만이 아니다. 잘못을 했으니 회개하기만 하면 끝나는 문제가 아닐 수 있다는 뜻이다. 당장 그것이 나타나지는 않더라도 다른 사람들에게까지 치명적인 악영향을 초래할 수 있다. 거짓말하지 않기 위해 조심해야 할 이유가 여기에 있다.

결국 거짓말로 도피를 위한 식량과 무기를 얻은 다윗은 블레셋으로 망명했다. 그런데 이 결정도 대단히 어리석었다. 다윗이 블레셋의 장수 골리앗을 죽인 지 그리 오랜 시간이 흐르지 않은 때인데 왜 블레셋으로 망명할 생각을 했을까? 어쩌면 다윗이 어리석은 판단을 했다기보다는 그만큼 다윗이 사울 왕을 피해야 하는 상황이 절박했다고도 생각할 수 있다. 정작 문제는 다윗이 그곳, 원수 나라의 궁궐에서 보여준 행동이다. 거짓말을 통해 위기를 벗어났던 다윗이 이제 이방의 왕 앞에서 어떤 행동을 하게 되는가?

골리앗을 죽인 다윗을 아직도 분명하게 기억하고 있는 블레셋 왕의 신하들이 왕에게 그 문제를 지적했다. 그때 다윗은 심각한 위기의식을 느꼈다. 또한 그때서야 자신의 실수를 직감했을 것이다. 그리고 위기를 극복하기 위한 기지를 발휘한다. 바로 미친 사람 행세를 했던 것이다. 멀쩡하던 사람이 갑자기 미쳐 보이기 위해서 얼마나 공들여 연극을 했을까 생각해보면 측은함과 더불어 아찔함이 느껴진다. 다윗은 침을 흘리며 대문을 긁는 등 미친 사람의 행동을 연기했다. 그가 얼마나 연기를 잘 했는지 아기스 왕은 다윗을 정말 미치광이로 보았다. 다윗은 한때 판단을 잘못하긴 했지만 그나마 이렇게 순간적인 기지를 발휘해서 위기를 벗어나는 듯했다(삼상 21:14-15).

그런데 다윗이 보였던 이 거짓 행농의 의미를 생각해보라. 역시 아찔함이 느껴진다. 그저 다윗의 행동에 대해 아무런 생각 없이 그저 한때의 실수로 보거나 적진에서 기지를 발휘해 살아온 무용담으로 볼 수도 있다. 그러나 다윗은 블레셋 신하들이 보기에도 분명히 '그 땅의 왕'이었다. "이는 그 땅의 왕 다윗이 아니니이까?"(삼상 21:11). 다윗은 이미 하나님 나라의 왕이었다. 그는 이스라엘의 '차기 왕'이었고, 어쩌면 막바지 멸망의 길로 치닫고 있는 사울 왕의 존재감과 견주어 볼 때 '실세 왕'이기도 했다. 블레셋 왕의 신하들은 그 사실을 알고 있었다. 그런 다윗이 이렇게 미친 사람의 행동을 했으니 이스라엘이 당한 모욕, 나아가 우리 하나님이 겪으신 모멸감의 깊이가 얼마나 컸을지 생각해보라. '미친 왕, 이스라엘 왕!' '그 땅의 미친 왕!'

블레셋 아기스 왕의 신하들이 다윗을 가리켜 '그 땅의 왕'이라고 한 말은 사실이 아니면서도 사실이었다. 이러한 다윗의 정체가 곧 우리 크리스천들의 정체성을 비유한다. 우리는 제 한 몸 건사하지도 못해서 도망친 불쌍한 망명자들이 아니다. 우리는 세상 속에서 그저 겨우 나 하나 몸만 추스르면 되는 사람들이 아니다. 하나님 나라의 대표 선수들이다. 우리 각자는 하나님의 나라를 두 어깨에 걸머진 지역 대표들이다. 이 사실을 명심해야 한다.

다윗은 이 사건을 통해 큰 충격을 받았음이 틀림없다. 아마도 목숨을 건지기 위해 비굴한 거짓 행동을 하면서도 아기스의 신하들이 깜짝 놀라며 수군거렸던 '그 땅의 왕'이라는 말이 그의 뇌리를 떠나지 않았을 것이다. 물론 다윗도 사무엘에게 기름부음을 받고 성령 충만했을 때는 자기가 이스라엘의 왕이라는 사실을 잊지 않았을 것이다. 그러나 사울 왕에게 쫓기며 고통받으면서 너무나 힘들어졌을 때 그만 그 중요한 사실을 잊어버렸던 것으로 보인다. 다윗은 이때 이방 왕의 신하들의 말을 통해 하나님의 음성을 다시 들었다. "그 땅의 왕 다윗!"

거짓말과 거짓된 행동은 우리가 속한 직장 공동체, 혹은 가정이나 교회 공동체를 허물어뜨릴 수 있을 만큼 엄청난 해악을 가지고 있다. 누구나 빠지기 쉬운 거짓의 유혹에서 벗어나 진실을 말하고 진실한 행동을 할 수 있도록 우리가 노력해야 한다. 혹시 실수하고 죄를 범했더라도 하나님이 다양한 경로를 통해 하시는 말씀을 듣고 돌이킬 수 있어야 한다. 진실한 크리스천이라는 말을 동료들에게 들을 수 있도록 노력하자.

경실련에서 실시한 한 설문조사를 보면 비즈니스와 관련해 부정한 방법도 사용할 수 있는가 질문했더니 응답자 중 82.3%가 현실적으로 그럴 수밖에 없고, 부득이한 상황이기에 그렇다고 답변했다. 응답자 중 25%는 공무원에게 접대와 향응을 제공한 적이 실제로 있다고 했다는 것이다. 어쩌면 이런 통계가 오늘날 우리 일터의 현실을 잘 보여준다. 이런 상황에서 우리 크리스천 직업인들은 세상의 부정부패와도 맞서 싸워야 한다. 그것이 바로 우리의 사명이다. 어떻게 그런 일이 가능할 수 있는가? 거짓의 유혹에서 벗어나 정직을 실천하기 위한 몸부림이 필요하다.

한국유리의 창업자였던 고 최태섭 회장의 이야기가 귀감이 될 만하다(최태섭 지음, 「사랑에 빚진 자 최태섭」, 아가페 펴냄, 1995). 최태섭 회장이 만주에서 시작한 사업이 성공적이었는데, 주로 중국인과 일본인 사이에서 중개무역을 했다. 일본 회사들이 만주에서 콩이나 콩기름을 대량으로 수거한 것을 사서 중국인들에게 소매로 판매하는 대리인의 역할을 했다. 계약금을 걸고, 화차 단위로 대규모로 콩을 가져다가 전매하는 사업으로 신용이 있어야 거래가 가능했다.

한번은 수십 화차 분량의 콩을 미쯔이와 미쯔비시로부터 사들여 그것을 중국 상인에게 전매하기로 계약을 했다. 그런데 물건을 중국 상인에게 인도하기 얼마 전부터 갑자기 콩 값이 폭등했다. 그러자 주변의 다른 무역업자들은 위약금을 물어주고 다른 상인에게 팔아넘겨 차익을 챙겼다. 계약을 위반하고 위약금을 물어주더라도 훨씬 큰 이익이 생기기 때문이었다. 이 문제로 고민하던 최 회장은 남들과 같은 선택을 하기로 합리화하면서 하나님에게 헌신을 다짐하는 기도를 드렸다. 그래도 여전히 마음의 평안이 느껴지지 않았다. 기도할 때 중국 상인의 얼굴이 눈앞에 어른거렸다. 하나님의 뜻이라 생각하고 중국 상인을 만나 두말 않고 약속했던 콩을 넘겼다. 당연히 계약을 파기할 줄 알았던 중국 상인은 이익을 반씩 나누자고 제의를 해왔지만 최 회장은 그렇게 하지도 않았다.

그랬더니 뜻밖의 일이 벌어졌다. 물건을 인수받고 돌아간 그 중국 상인이 최태섭이라는 조선 사람이 큰 이익을 볼 수 있는 기회를 포기하고 신용을 지켰다고 소문을 냈다. 중국 상공인회에서 회원들에게 공문을 발송할 정도였다. 그러니 최 회장의 사업이 성공하지 않을 수가 없었고 계약을 파기하고 얻을 수 있었던 이익보다 훨씬 많은 수익을 올렸다. 결국 불의한 세상에서 정직한 비즈니스로 승리했다.

한국전쟁 중에는 군납 일을 하던 중 대출을 받아 단무지 사업을 성공했는데, 전세가 급변해 1·4후퇴를 하게 되었다. 떠나기 전에 사업자금을 빌렸던 은행으로 찾아갔으나 은행은 이미 업무를 중단했고 잔무 처리하는 직원 한 사람만 남아 있었다. 서둘러 피난을 갈 채비를 하고 있는 그 직원이 은행 업무가 중단됐으니 나중에 와서 갚으라고 했다. 그러나 최 회장은 끝내 대출금을 갚고 영수증을 받았다. 아무리 혼란스러워도 갚을 돈을 그냥 자기 호주머니에 넣을 수 없었기 때문이다.

그 후 제주도로 피난을 가서 육군 제1훈련소의 군납을 하게 되었는데 고추장을 납품하던 중 훈련소에서 생선을 납품해달라는 제의를 해왔다. 군인들의 식탁에 올릴 생선을 생각하면 원양에 나가 대규모로 고기를 잡아야 했기에 적어도 2억 원은 대출받아야 할 것 같았다. 그래서 부산에 피난 내려와 있던 거래은

행을 찾아가 2억 원의 융자를 받으러 왔다고 하자 은행 직원은 당연히 거절했다. 은행장도 거절했으나 은행과 거래한 실적을 보여주고 서울에서 피난 직전에 돈을 갚고 받아둔 영수증을 보여주었다. 결국 그 영수증을 보고 깜짝 놀라며 반가워한 은행장은 즉시 중역회의를 열어서 2억 원의 융자를 결정했다. 담보가 없는 사정을 감안하여 대출을 받은 후 배를 구입하여 그 배로 담보를 설정하는 방법까지 알려주었다.

최태섭 회장은 말한다. "하나님이 다시 시작한 사업에도 큰 복을 주시어 고기잡이는 순조로웠고, 은행에서 꾼 돈도 곧 갚을 수 있게 되었습니다. 사람들은 나를 보고 재수가 좋다는 식으로 말하지만 나는 하나님의 인도하심을 구했고, 정직과 신용으로 사업을 이끌라고 가르쳐주신 분은 바로 하나님이셨습니다." 불의한 세상에서도 정직하기 위해 노력하면 하나님의 큰 은혜를 얻을 수 있다.

능력보다 정직으로 무장하라

일하는 사람들이 성과를 달성하기 위해 노력하는 것은 너무도 당연하다. 그런 목표의식이나 열정이 없는 것이 오히려 문제이다. 그런데 목표를 이루는 과정은 어때야 하는가?

과정은 관계없이 그저 목표만 달성하면 되는 것인가? 다윗이 왕이 된 후 압살롬의 반정 때 겪었던 한 사건은 비즈니스에 있어서 목표 달성보다 중요한 것이 무엇인지 분명하게 가르쳐주고 있다.

다윗도 이른 바 '왕자의 난'을 겪었다. 아들 압살롬이 반역을 일으켰다. 몽진(蒙塵)을 떠났다가 위기를 극복하고 전세를 역전시킨 다윗 왕 측은 기세가 올랐고, 압살롬 측 군대와 일전을 앞두고 있었다. 출전에 앞서서 다윗 왕은 장병들에게 압살롬을 죽이지는 말라고 간곡하게 부탁했다. 그런데 압살롬은 죽었고 전쟁은 다윗 왕 측의 승리로 끝났다. 평소 다윗과 갈등 관계였던 요압 장군이 왕의 명을 어기고 압살롬을 찔러 죽였던 것이다.

그때 아히마아스라는 사람이 승전의 소식을 전하려고 했다. 그는 사독 제사장의 아들이었는데 다윗 왕이 몽진을 떠나면서 사독과 아비아달 두 제사장을 남겨 하나님의 궤를 지키게 할 때 전령의 역할을 부탁했던 사람이다(삼하 15:27,36). 승전 소식을 전하는 일을 처음 하는 것은 아니었고, 나름대로 이전에도 다윗 왕을 위해 승전 소식을 전해 인정을 받고 있었다. 아히마아스는 이번에도 전쟁에서 이긴 소식을 가장 **빨리** 전하여 공을 세우려는 마음이 생겼다. 그래서 그는 승리의 소식을 왕에게 알리는 메신저가 되겠다고 자청했다.

그러나 지휘관 요압이 말렸다. 이번 일을 통해서는 칭찬을 듣기가 힘든데 다윗 왕이 아들의 전사 소식을 듣고는 기뻐하지 않을 것이기 때문이라고 타일렀다. 그래서 요압은 아히마아스 대신 에티오피아 출신의 한 사람을 전령으로 보냈다. 그러나 아히마아스는 고집을 피우고 다시 요압 장군에게 사정했다. "아무쪼록 내가 또한 구스 사람의 뒤를 따라 달려가게 하소서"(삼하 18:22). 그러나 요압은 말렸다. "내 아들아 너는 왜 달려가려 하느냐. 이 소식으로 말미암아서는 너는 상을 받지 못하리라"(삼하 18:22).

요압은 아히마아스를 아끼는 마음을 담아 이번 일에는 빠지라고 권면했다. 그러나 아히마아스가 고집을 피우면서 거듭 사정하자 요압 장군이 마지못해 허락했다. 일하면서도 이런 일을 경험할 수 있다. 윗사람이 말려도 아랫사람이 민망하도록 고집을 부리면 윗사람이 체념하듯이 허락하는 상황이다. 자식을 키우면서도 흔히 경험할 수 있는 일이다. 그러면 이 일이 과연 어떻게 되었는가?

요압 장군의 마지못한 허락을 받아낸 아히마아스는 요단 계곡을 가로지르는 험하지만 가까운 지름길로 달렸다. 그래서 에티오피아인 전령보다 먼저 다윗 왕에게 도착했다. 아히마아스가 다윗 왕에게 아뢰었다. "왕의 하나님 여호와를 찬양하리로소이다. 그의 손을 들어 내 주 왕을 대적하는 자들을 넘겨 주셨나이다." 승전보였다. 그러나 다윗 왕은 다급하게 물었다. "내 어린 아들 압살롬도 평안하더냐?" 다윗 왕의 더 중요한 관심사는 아들의 생사였다. 피를 부른 권력 다툼 앞에서도 정말 감동적인, 지독하다고 말할 수밖에 없는 부정(父情)이었다. 이때 아히마아스는 이렇게 대답했다. 아마도 달려오면서 여러 차례 혼잣말로 연습한 멘트였을 것이다. "요압이 왕의 종 나를 보낼 때에 크게 소동하는 것을 보았사오나 무슨 일인지 알지 못하였나이다"(삼하 18:29).

뒤이어 에티오피아 전령이 도착했고, 그는 보고했다. "내 주 왕께 아뢸 소식이 있나이다. 여호와께서 오늘 왕을 대적하던 모든 원수를 갚으셨나이다." 그러자 왕이 에티오피아 사람에게 물었다. "그 어린 압살롬이 평안하더냐?" 그러자 에티오피아 사람이 대답했다. "내 주 왕의 원수와 일어나서 왕을 대적하는 자들은 다 그 청년과 같이 되기를 원하나이다"(삼하 18:32).

에티오피아 전령은 사실대로 왕에게 보고했고, 다윗 왕은 그 말을 듣고 마음이 찢어질 듯 아파 성문 누각에 올라가서 울었다. "내 아들 압살롬아 내 아들 내 아들 압살롬아 차라리 내가 너를 대신하여 죽었더면 압살롬 내 아들아 내 아들아!" 왕의 울부짖는 소리를 들은 백성들은 역도들과 맞서는 전쟁으로 몸 고

생과 마음고생이 심했음에도 승전보를 들은 그날에 오히려 슬퍼해야 할 지경이었다(삼하 18:33-19:3).

아히마아스에게는 열정이 있었다. 상을 받겠다는 목표의식이 있었다. 전쟁이 끝나 다들 쉬고 있는데 그 소식을 알리러 '마라톤'을 하겠다는 희생정신도 있었다. 그것은 좋았다. 일하는 사람들에게는 이런 열정이 있어야 한다. 이런 동기부여가 성장을 가능하게 하는 것이 틀림없다. 윗사람이 말려도 다시 졸라서 기회를 얻는 끈질긴 근성을 아히마아스는 가지고 있었다. 그리고 아히마아스는 열정에 부합하는 탁월한 능력도 가지고 있었다. 늦게 출발했어도 앞서는 방법을 그는 알고 있었다. 이방인이었던 에티오피아 사람보다 지역 상황에 밝았기 때문이다. 그래서 계곡 길을 뛰어서 먼저 출발한 전령을 앞질렀다.

이것은 홈그라운드의 이점을 살린 것이지만 능력이 분명하다. 이렇게 아히마아스에게는 열정과 능력이 있었다. 그러나 이런 열정의 사람 아히마아스에게 한 가지 부족한 것이 있었다. 아히마아스에게는 정직함이 없었다. 그는 거짓말을 했다. 말을 하지 않았으니 거짓말하지는 않은 것이라고 항변했을지도 모른다. 그러나 왕이 묻는 내용을 알고 있으면서도 말하지 않았기에 그것은 분명한 거짓이었다. 보고해야 할 것을 보고하지 않는 것도 거짓이다. 왕이 재차 물었는데 알고 있는 것을 말하지 않은 심각한 거짓말이었다. 그 시간까지만 알고 그 이후의 일에 대해서는 모른다고 잡아떼는 고단수 거짓말이었다. 그 시간 이전에 있었던 일은 자신에게 유리하고 도움을 주지만 그 시간이 지난 후에 있었던 일이 알려지면 불리하기에 자기 입장에 맞게 '편집'한 고도의 거짓말을 했다.

아히마아스는 과연 왜 이런 일을 저질렀을까? 아마도 그는 자신의 좋은 평판을 유지하고 싶었을 것이다. 아히마아스는 "좋은 사람, 좋은 소식을 가져오는 사람"이라는 평가를 받는 사람이었다(삼하 18:27). 승전의 소식을 빨리 전해서 상을 받고 싶었다. 예전에 칭찬받은 대로 그동안 자신이 유지해오던 명성을 계속 유지하고 싶었다. 계속 성공하고 싶었다. 그런데 조금만 생각을 달리 했으면 어땠을까? "좋은 소식도 있고 안 좋은 소식도 있다"면서 사실대로 이야기하면 되지 않았을까? 서양 사람들이 자주 말하는 '좋은 뉴스와 나쁜 뉴스'를 보고했으면 왜 상 받을 일이 아니라고 생각했을까? 전령이 전하는 내용에 책임을 가지고 있다는 것인가? 생각하기에 따라서 말도 안 되는 착각이 아닐 수 없고, 일의 표피만을 보고 본질을 모르는 어리석음이다. 아히마아스는 열정이 지나친 욕심으로 인해 이렇게 어리석고도 심각한 거짓말을 했던 것이다.

직장인으로서 생각해봐야 할 점이 또 있다. 아히마아스는 윗사람의 지시를 새겨듣기만 했어도 이런 일은 겪지 않았을 것이다. 그는 다윗 왕을 누구보다 잘 알고 있는 상사 요압 장군의 조언에 귀를 기울이고, 그가 특별히 배려해주는 조치를 따랐어야 마땅했다. 아무래도 상황 판단은 윗사람이 잘할 수 있게 마련인 일터 현장을 잘 이해했어야 한다.

결국 무리했고, 거짓말을 했던 아히마아스는 나중에 여러 사람 앞에서 면목 없었을 것이다. 먼저 그 모든 과정을 다 알고 있는 에티오피아인 전령 앞에서 얼굴을 들 수 없었을 것이다. 얼마나 창피한 일인가? 만약 아히마아스가 좋은 소식을 전했다고, 그 외국인 용병보다 더 큰 상을 받았다면 어떤 기분이었을까? 얼마나 창피했겠는가? 또한 상사인 요압 장군 앞에서는 어땠겠는가? 다음에 또 전령으로 나서겠다고 고집을 부릴 수 있었을까? 아버지이자 제사장인 사독 앞에서도 얼굴을 들지 못했을 것이다. 아버지의 이름에 먹칠을 했으니 가문의 영광이 아니라 가문의 수치가 되었다. 또한 만약에 왕이 아히마아스가 그렇게 거짓말을 했다는 사실을 알았다면 징계를 받았을지도 모른다. 설령 왕은 알아채지 못했다 해도 그 주변 사람들은 다 아는 상황이니 얼마나 두고두고 창피했을지 생각해보라. 이렇게 거짓말은 그 사람의 커리어에 커다란 오점을 남긴다는 사실을 꼭 기억해야 한다.

오늘날 우리는 윤리경영의 시대를 살아가고 있다. 미국에서는 1990년대에 10년간 윤리경영의 붐이 휩쓸고 지나갔다. 우리는 2000년대에 들어서면서부터 간간히 시작되었고, 이제 웬만한 기업들마다 윤리경영 선언을 했다. 그러나 아직 윤리경영이 뿌리를 내리지는 못했다. 하지만 윤리경영은 시대적 대세이다. 글로벌 경제시대에 정직에 기반을 둔 신용이 있어야 10년, 20년 후에도 기업 운영을 보장받을 수 있을 것이니 윤리경영은 당연한 추세이다. 그래서 이제는 점점 정직함도 능력의 하나로 인식되고 있다.

이런 상황에서 열정을 가진 사람이 정직하다면 금상첨화가 아니겠는가? 정직하게 비즈니스 하는 방법을 계발하여 거짓말을 하지 않고도 일할 수 있다는 사실을 보여주어야 한다. 그래서 "적당한 거짓말도 능력이라"고 떠버리는 거짓말쟁이들의 코를 납작하게 해줄 수 있어야 한다. 정직한 열정이 우리의 일터를 즐겁게 만들어 줄 것이다.

마음의 완전함을 부단히 훈련하라

우리는 아무리 뛰어난 직업적인 능력이 있어도 사람됨이 모자라는 사람을 존경하지 않는다. 영어에서는 인격을 드러난 부분의 인격(Personality)과 보이지 않는 부분의 인격(Character)으로 구분한다. 보다 중요한 것은 보이지 않는 부분이다. '나도 당했다'는 '미투(Me Too) 운동'과 더불어서 최근에 벌어지는 우리 사회의 문제는 바로 사람들의 인격 중에서 보이지 않던 부분이 드러난 것이다. 성폭력과 성추행을 저지르는 사람들은 끝내 드러나지 않기를 바랐겠지만 미국 할리우드에서 시작된 미투 운동이 세상을 뒤집고 있다. 우리나라에서도 한 여성 검사의 미투로 시작해서 여러 분야로 확산되고 있다. 열풍과도 같은 미투 운동의 시대에 어떻게 우리는 크리스천다운 자세를 견지할 수 있을지 다윗을 통해 살펴보자.

시편 78편의 마지막 부분은 이스라엘의 왕이었던 다윗의 인격을 잘 묘사해주고 있다. 다윗의 인격을 "마음의 완전함"과 "손의 능숙함"으로 표현하고 있다(72절). 우리 직업인들의 인격은 바로 이 두 부분으로 이해할 수 있다.

손의 능숙함은 우리가 앞에서 자세히 살펴보았던 다윗의 능력을 말하는 것이다. 그런데 그 능력보다 마음의 성실함을 앞세우고 있다. 하나님이 한 시골마을의 목동이었던 소년 다윗을 택해서 그를 이스라엘 백성들의 왕으로 삼아서 리더십을 발휘하게 하신 것, 그 중요한 자질이 무엇인가 가르쳐준다. 성실성과 도덕성이 먼저이고, 그다음이 능력과 전문성이다.

먼저 다윗의 능숙함은 골리앗과 맞서 싸웠던 일로 분명하게 드러났다. 핸디캡도 극복하고 성실하게 열심히 연습하여 물맷돌 한 방으로 골리앗의 이마 뼈를 뚫고 뇌수가 흘러나오게 했다. 그 돌을 정확하게 거인 장수 골리앗의 머릿속에 박아 넣었다. 다윗이 이런 탁월한 능력으로 40년간 이스라엘 왕으로 정치하고 리더십을 보여주었다. 다윗의 능력은 의심의 여지가 없다.

그런데 다윗은 자신의 능력에 걸맞지 않은 불성실하고 비도덕적인 행동을 하고 말았다. 능력에 걸맞은 영성이 준비되지 않으면 탁월한 능력도 소용없음을 다윗은 잘 보여주고 있다. 다윗이 그랬고 오늘날의 미투 운동의 가해자들이 그런 모습을 보여주었다.

다윗은 부하를 죽음으로 내몰고 그 아내를 빼앗은 죄를 저지른 이후에 용서받고 회복에 이르기까지 거의 일 년 이상이나 걸렸다. 그는 또한 평생에 걸쳐 자신이 지은 죄의 결과를 짊어지셔야 했다. 다윗의 범죄는 사실 요즘의 미투 운동에서 보는 대로 위력과 힘을 가지고 강압적으로 성폭행을 한 것이다.

수천 년 전에 기록된 성경에도 인간사의 기본적 욕구인 성적 탐욕과 범죄에 대한 이야기가 많이 나온다. 몇 가지 잘 알려진 사건들이 있다. 다윗 왕이 부하 장군의 아내와 저지른 강압적인 불륜이 대표적이고, 또한 요셉이 직장상사 보디발 아내의 강압적인 유혹에 노출되었던 경우도 있다. 그 외에도 야곱의 딸 디나가 세겜 족속 추장 아들에게 성폭행을 당한 사건이 있다. 그리고 암논이라는 다윗 왕의 아들이 다말이라는 이복 여동생인 공주를 연애감정으로 좋아하다가 둘만 있는 자리를 만들어서 강제로 폭행한 사건도 있다.

성경 속의 상황들이 오늘 우리 사회를 잘 반영하고 있다. 다윗과 보디발의 아내는 일터의 상황에서 가해자가 된 사람들이고, 다말은 동네에서 그런 일을 겪었다. 암논은 궁궐이라서 특별하긴 하지만 확장된 가정에서 가해자였다. 자기의 위력과 지위, 혹은 물리적인 힘을 이용해서 추행과 폭행을 저지르는 성적 갑질이었다는 점에는 예외가 없다.

오늘날의 미투 운동도 그렇지만 피해를 당한 약자들의 안타까운 상황에 우리가 주목해야 하겠다. 우리 사회가 법과 제도로, 사람들의 의식 개선으로 이제 더 이상 사람들이 피해를 입지 않도록 애써야 한다. 그렇다면 성경 속에서는 피해 입은 사람들이 과연 어떻게 되었을까? 다윗 왕이 범한 밧세바는 결국 나중에는 왕비가 되었기에 의외의 결말이었다. 암논 왕자가 범한 공주 다말은 평생 수치를 안고 살아가고, 결국 그 오빠인 압살롬이 암논을 죽이는 형제 살해라는 더욱 안 좋은 비극의 상황으로 치달았다. 이런 상황에 대해서 한 가지 아쉬운 것은 아버지인 다윗 왕이 아무런 조치도 취하지 않았다는 점이다. 아버지로서 다윗은 큰 실수를 했다. 자신이 강압적 성폭행의 당사자이니 켕겨서 그랬을까? 자식들 사이에서 벌어진 성폭행 사건을 듣고는 그냥 심하게 화만 낼 뿐이었다. 그것이 문제였다. 오늘날 우리의 미투 사건들에서도 당사자들이 드러내기 쉽지 않고, 또 주변에서 알고도 묵인하고 덮어두었던 경우가 대부분이었다. 그랬던 일들이 이번에 드러나니 우리 사회가 바람직한 방향으로 변화될 좋은 기회라는 생각이 든다.

피해를 당한 사람들이 취해야 할 가장 분명한 행동의 사례를 요셉을 통해 발견할 수 있다. 바로 도망가는 것이다. 그 일이 드러나고 치명적인 결과가 자신에게 오는 것을 예상하더라도 강력한 거부의 뜻을 표현하면서 거절하는 것이다. 요셉 당시의 법으로는 노예가 주인의 아내에게 성적 추행을 저지르면 사형에 처해졌다고 한다. 직장을 잃는 정도가 아니라 목숨까지 걸었던 요셉을 생각하면서 용기를 내야 한다. 우리도 그런 상황이 된다면 이렇게 단호할 수 있어야 하겠다. 요셉과 같은 대응은 순교적 결단이다. 그 자체가 순교이다. 하나님이 이런 순교를 기뻐하신다.

다윗은 성폭력의 가해자였다. 인생에서 그렇게 한 번 크게 넘어졌다. 다윗의 범죄는 비난받아 마땅한데, 다윗은 또한 반복해서 실수하고 넘어지는 우리가 바람직한 인격의 훈련을 할 수 있는 방법도 소개해주고 있다. 넘어진 사람들이, 혹은 우리가 혹시 넘어지더라도 해야 할 일은 무엇인가? 다윗은 진심으로 회개했다. 사실 다윗은 자신이 한 짓이 죄인 줄도 몰랐고, 당시 제왕의 도를 주장하는 주변 나라 왕들에게는 일상적인 일이었을 것이다. 그러나 선지자 나단이 그 행동이 하나님 앞에서 큰 죄라고 지적하자 다윗은 철저하게 회개했다. 이렇게 자신의 잘못을 깨달아 인정하는 것이 중요하다.

성적 일탈을 저지른 사람들은 그냥 그렇게 인생이 끝나는 것인가? 다 죽어야 하는가? 죽은 사람도 있는데, 죽은 사람은 딱하지만 죽는다고 용서받는 것도 아니고 책임지는 것도 아니다. 죄를 지었다고 다 죽을 수는 없다. 모든 사람에게는 공과 과가 있다. 잘못을 저질렀다면 철저히 사과하고 책임지고 용서받고 결국 회복해야 하지 않겠는가?

부끄럽게도 우리나라 교회 안에도 미투 운동 이전에 성적 강압과 성추행, 성폭행 사건들이 이미 많이 있었다. 죄를 지은 목회자들은 어떻게 할 것인가? 미국의 고든 맥도날드 목사가 불륜에 빠진 적이 있는데, 그 교회 리더십이 철저하게 준비해서 회복시키고 복귀한 사례가 있다. 본인이 철저히 회개하고 인정받는 과정을 거쳤다. 그런데 그런 경우는 그리 흔하지 않다. 재세례파의 한 종파인 메노나이트의 유명한 신학자, 존 요더는 치명적인 성희롱과 성추행을 반복했지만 본인도 그것을 성범죄라고 인정하지 않았고 신학교와 교단도 제대로 대응하지 못했다. 그 아픈 과오를 성찰하여 고백하고 해결책과 대안을 모색하는 과정을 「야수의 송곳니를 뽑다」(존 D. 로스 편집, 대장간 펴냄, 2018)라는 책을 통해 하고 있는 것은 그나마 다행한 일이다.

진정으로 회개하면 회복될 수 있다. 다윗 왕이 그랬다. 진정한 회개의 여부는 시간이 흐른 후 확인이 가능하겠지만 다시 그 죄에 빠지는가, 그렇지 않은가로 확인할 수 있다. 다윗은 나이가 많이 들었을 때 신하들이 배려해준 궁녀의 시중은 받았지만 그 여인과 잠자리는 같이 하지 않았다고 열왕기서 기자가 기록한다(왕상 1:1-4). 바로 다윗의 회개와 회복을 보여주는 것이다. 바로 이것이 다윗이 죄를 지었지만 회개하고 그 마음의 성실함을 보여준 것이다. 이것을 하나님이 높이 평가해주셨던 것이 아니겠는가! 다윗의 경우 그의 삶 전체는 하나님의 마음을 추구하는 사람의 모습이었다고 사도행전 기자는 말한다(행 13:22, 36). 하나님께서 마음에 맞는 사람이라고 평가하신 다윗이 하나님의 뜻을 따라 섬기다가 죽었다고 그의 인생을 총평한다.

물론 인격은 하루아침에 만들어지지 않는다. 부단히 애써야 한다. 손의 능숙함도 시간이 오래 걸리고, 마음의 완전함은 평생 숙제이다. 또한 세상의 안타깝고 화나게 하는 사람들의 악한 모습을 뉴스를 통해 보면서도 우리는 타산지석으로 삼아야 한다. 다른 산의 나쁜 돌을 가지고도 나의 구슬을 갈고 다듬어야 한다. 이번의 미투 운동으로 인해 우리 사회가 바람직한 방향으로 개선되고 피해를 당한 사람들을 주님이 치유해주시기를 기도해야 한다. 교회와 목회자들 역시 이런 일들을 경계로 삼고 우리 안의 잘못된 부분을 도려내고 세상을 아름답게 만들겠다고 결심할 수 있어야 하겠다.

P·A·R·T·3

하나님 나라
팀장 리더십

: 하나님의 뜻에 순종하는 사람 다윗

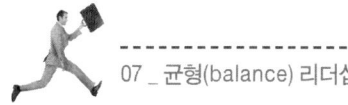

07 _ 균형(balance) 리더십

직장, 가정, 교회의 트라이앵글

현역 시절 프로야구에서 홈런왕을 여러 차례 했고, 신앙 좋은 선수로도 칭찬받던 이만수 선수가 있다. 미국에 건너가 메이저리그 시카고 화이트삭스 팀에서 한국인으로는 처음으로 불펜코치를 하면서 우승한 후에 돌아와 한국 프로야구 감독도 지냈다. 1980년대 중반 쯤 프로야구가 출범한 지 몇 년 되지 않았던 때 당시 신학대학생이던 나는 저녁에 텔레비전에서 하는 야구 중계를 보고 있었다. 이만수 선수가 타석에 들어서자 해설위원이 이렇게 말하는 것을 들었다. "이만수 선수는요, 야구장, 집, 교회, 세 곳만 왔다 갔다 할 뿐 다른 아무것도 모르는 선수예요."

직장과 가정과 교회만 신경쓸 뿐 보다 폭넓은 대인관계가 부족하다는 말처럼 들리기도 한다. 하지만 당시 해설위원은 이만수 선수가 얼마나 자기 관리를 잘하고 성실한 선수인가 이야기하면서 그렇게 말했다.

그 이야기를 들으면서 퍼뜩 '크리스천 트라이앵글'이라는 문장을 생각했다. 직장과 가정과 교회라고 하는 크리스천들의 기본적 삶의 영역들에서 균형을 유지하는 일이 중요하다는 깨달음을 얻었다. 야구 중계를 보면서 은혜를 받은 셈이었다. 물론 한 사람이 정상적인 사회생활을 하면서 관심을 가져야 할 생활 영역은 다양해야 한다. 가정과 직장, 교회뿐만 아니라 동네, 지역 사회, 동창회, 향우회, 취미 모임 등 다양한 삶의 영역이 있고, 국가의 구성원이며 세계 시민이기도 하다. 그러나 직장과 가정과 교회는 크리스천 직업인들에게 있어서 가장 기본적인 삶의 영역들이다.

이후 군대에 가서 복무를 마친 후 신학대학원을 다니던 1990년 경 어느 날 구약성경 사무엘상 22장을 보다가 또 한 번 무릎을 쳤다. 전에 생각했던 '직장, 가정, 교회'라는 크리스천의 삶의 구조인 '트라이앵글'을 또 발견하는 기쁨을 누렸다. 이번에는 '다윗의 트라이앵글'이었다. 사무엘상 22장 1~5절은 다윗이 망명 시절에 겪었던 일련의 사건을 기록한 부분으로 묘사도 그리 길지 않지만 크리스쳔 직업인들이 어떻게 삶의 균형을 유지할 수 있는지 가르쳐준다. 그런 의미에서 다윗의 트라이앵글을 함께 생각해보자.

어려운 일터 환경에서도 리더십을 발휘하라

다윗이 사울 왕의 궁궐을 떠나 망명생활을 한 때는 요즘 일반적인 회사의 상황으로 보면 팀장으로 팀원들을 이끌면서 분투하던 시기였다고 볼 수 있다. 또한 중견기업 규모의 회사를 경영했다고 볼 수도 있다. 쉽지 않은 일터 환경이었던 것은 분명한데, 이때 다윗이 어떤 리더십을 보여주었는지 생각해보자.

사울 왕의 핍박을 피해 망명을 결심한 다윗이 가장 먼저 찾아간 곳은 블레셋이었다. 분명한 판단 착오였으나 다윗의 입상에서는 의도하는 목적이 있었을 것이다. 도저히 견디기 힘들었던 것이다. 그래서 원수의 나라로 망명을 갔다. 물론 거기서 다윗은 미친 척하여 겨우 살아나올 수 있었다(삼상 21:10-15). 그 과정은 전적으로 하나님의 은혜였다. 이스라엘의 차기 왕으로서 체면을 구기고 개인적으로 굴욕의 시간을 보냈지만, 아기스의 손아귀를 벗어나 살아나올 수 있었던 다윗은 다시 이스라엘 땅으로 들어가 광야에 있는 아둘람 굴에 정착했다. 첫 번째 망명지 선택의 실패로 큰 깨달음을 얻은 다윗은 살기는 좀 불편하더라도 안전을 기대할 수 있는 곳을 택했고, 힘이 들더라도 외국으로 도망가기보다는 유대 땅에 머물러 있기로 결심했다. 블레셋에서 겪었던 일이 그의 삶에 큰 교훈이 되었던 것이 틀림없다.

다윗이 다시 유대 땅으로 들어왔다는 소문을 듣고 사람들이 몰려왔다. 망명생활을 하는 다윗에게는 큰 도움이 될 만한 일이었다. 그러나 아둘람 굴은 여러 가지로 불편한 곳이었다. 공간이 좁은 물리적 어려움도 심각했을 것이다. 처음에는 400명이 모였고, 나중에는 200여 명이 더 찾아와 600명이 되었다. 또한 그들 중에는 다윗처럼 가족을 부양하는 사람들도 있었으니 그 많은 사람들을 수용하는 일이 쉽지 않았을 것이다. 그뿐만 아니라 모여오는 사람들이 많아질수록 사울 왕의 주목을 받는다는 점을 고려할 때 은신처의 안전성이 위협받았다. 이 점이 다윗에게는 심각한 고민거리였다.

또한 다윗을 찾아온 사람들을 살펴보면 다윗에게 도움을 주기보다는 오히려 부담을 주는 사람들이 많았다. 물론 사울 왕의 위협을 받으며 망명생활을 하는 다윗에게는 한 사람이라도 더 오면 힘이 되었을 것이다. 하지만 다윗을 찾아온 사람들은 제 앞가림도 잘 못하는 딱한 사람들이었다. 30여 년에 걸친 사울 정권 아래서 정치적으로 핍박받던 사람들이 모여왔다. 다윗은 그들을 거두어 보호해주어야 했다. 또한 경제적으로 파산한 자들과 사회적, 문화적으로 소외된 자들이 다윗에게 몰려왔다. 빚을 지고 있는 사람들이었고, 기득권층에서 소외된 자들이었다. 어떻게 보면 이들은 다윗에게 도움이 될 만한 재력을 가지고 있거나 정치적 지위를 가지고 있는 사람들이 아니라 오히려 다윗이 도와주어야 할 사람들이었다. 또한 그들은 부정적 성향을 가진 사람들이었는데 잘 다독여 긍정적 시너지를 내는 일이 다윗에게 주어진 과제였다. 다윗은 그런 일을 잘 해내었던 것이다.

물론 다윗의 가족들도 와서 함께 거하게 된 것은 감사한 일이었다. 그런데 다윗의 가족들마저 사울 왕이 다스리는 이스라엘에서 더 이상 정상적인 생활을 할 수 없게 된 상황을 보여준다. 다윗의 부모와 다른 가족들도 사울 정권 아래서 뭔가 위협을 느꼈기에 도망쳐온 것이었다. 이렇게 다윗은 정지적으로 매우 어려운 지경으로 몰리고 있었다.

다윗은 '오합지졸'에 불과한 400명, 얼마 후에는 더 늘어나서 600명이 된 사람들과 함께 망명생활 여러 해 동안 동고동락했다. 그 시기에 다윗은 자신을 따르던 그 사람들을 '하나님의 군대'로 훈련시켰다. 도움이 필요해 다윗을 찾아왔던 그 사람들과 함께 놀라운 팀워크를 이루면서 이스라엘 국가의 초석을 든든히 세워나갔던 것이다. 이것은 다윗의 생애를 리더십의 측면으로 볼 때에도 매우 중요하다. 훌륭한 리더십은 여건이 완비되어 있을 때 발휘되는 것이 아니다. 여건이 좋을 때 성공한 리더가 있다면 그는 '평균 리더십'을 가진 사람이다. 누구나 할 수 있다. 그러나 여건이 갖추어지지 않은 곳, 힘든 곳에서 발휘하는 리더십이야말로 귀한 것이다.

영화 〈글래디에이터〉(Gladiator, 리들리 스코트 감독, 2000)에 나오는 막시무스도 다윗과 같은 멋진 리더십을 가진 군인이었다. 아우렐리우스 황제는 차기 황제로 신임하지 못하던 아들 콤모두스 대신에 막시무스 장군에게 정권을 넘겨주고 로마제국을 공화정 체제로 바꾸려고 했다. 그러나 황제는 아들에게 암살당하고 새 황제 콤모두스는 막시무스의 가족들을 죽였다. 겨우 목숨을 건진 막시무스는 검투사(글래디에이터)로 전락하여 콜로세움에서 로마 시민들의 사랑을 받게 된다. 결국 막시무스는 가족을 죽인 황제에게 복수하고 로마를 공화정으로 바꾸며 장렬하게 죽는다.

막시무스를 직업인이라고 본다면 그는 군인이었다. 그렇다면 막시무스는 대단한 직업 전문성을 가지고 있었다. 전쟁터와 검투장을 누비며 보여주는 그의 무술 능력이 그것을 말해준다. 더구나 그 능력은 무수한 전투 현장에서 군대를 지휘하며 자신이 직접 전투에 참전하면서 보여준 것이기에 값지다. 이런 용맹과 더불어 충성심과 지혜를 가지고 있으면서 정치적으로도 휘둘리지 않는 막시무스는 황제가 판단할 때에도 로마를 공화정으로 이끌 적임자였다. 그는 진정 실력을 가진 전문가였다. 로마 군대 북부 정벌군 사령관으로 있을 때나 짐승 같은 대접을 받으며 상대를 죽여야만 살 수 있는 비참한 글래디에이터로 전락했을 때나 변함없이 자신의 능력을 발휘했다.

영화 중에 카르타고 해전을 복원한 전투를 콜로세움에서 벌이는 장면이 나온다. 로마 기병대가 카르타고 야만인 군대를 맞아 싸워 승리한 전투를 재현한 것인데, 검투사들을 야만인으로 내세워 전투를 벌이는 것이었다. 수많은 로마 군중들 앞에서 볼거리로 제공된 이 전투에서 막시무스는 탁월한 리더십을 발휘한다. 검투사들 중에 군대 경험을 가진 사람이라곤 1년 정도 복무한 한 사람밖에 없었지만 막시무스는 특유의 리더십으로 로마 정예 기병과 맞서 싸워 끝내 승리하고 만다. 본래의 카르타고 해전에서는 로마의 젊은 장수 스키피오가 카르타고의 한니발 장군의 군대와 맞서 이긴 것이었는데, 역사적 사실과 반대 상황이 되어버렸다. 수비형 전투를 할 수밖에 없는 상황에서 급히 다이아몬드 대형으로 바꾸어 로마 군대의 전차를 무력화시키고 적들의 목을 베던 막시무스의 모습이 눈에 선하다. 이것이 바로 진정한 능력이고 리더십이다.

현재 당신이 일하는 일터의 환경은 어떤가? 그저 편하게 시간만 때워도 월급을 주고 신경쓸 일도 별로 없이 일하는 직장이 있던가? 시간을 대충 보내도 지장이 없는 사업이 있는가? 혹시 직장을 구하는 젊은이들이나 새로운 직업의 활로를 모색하는 직업인들이라면 오늘날 우리 시대의 취업과 전업의 여건에 대해 답답함을 느끼지 않는가? 그리 쉽지 않다. 열심히 해도 더욱 힘들고 복잡해지는 안타까운 상황도 겪을 수 있다. 그런데 진정한 직업인의 역량과 리더십은 바로 그렇게 힘든 여건에서 나올 수 있다. 참다운 성공은 그런 어려움을 극복해낼 때 이룰 수 있음을 꼭 기억하며 노력해야 하겠다.

우리가 살펴보는 다윗은 어렵고 힘든 일터 환경 가운데서도 성공적인 직장생활을 해낸 사람이었다. 자신에게 별로 도움이 되지 않을 만한 힘든 사람들을 다 용납하면서, 쫓겨 다니는 불안한 여건 가운데서도 훌륭한 리더십을 발휘했다. 오늘 우리에게도 다윗이 가졌던 마음 자세가 필요하다. 그가 보여준 리더십을 배워야 한다. 내게 맡겨진 일, 내가 도우고 세워줘야 할 사람들, 내가 헤쳐 나가야 할 안 좋은 상황을 잘 파악하여 그 모든 일을 책임지겠다는 각오를 새롭게 할 수 있어야 하겠다.

아무리 바빠도 가족에 대한 의무를 포기하지 마라

영화 〈글래디에이터〉에서 막시무스는 늘 고향을 꿈꾼다. 영화는 시작과 마지막 장면에서 추수를 앞둔 밀을 쓰다듬는 투박한 손을 묘사하고 있다. 막시무스의 손이다. 결혼반지가 끼워진 그 손은 사랑하는 아내와 아들이 있고 부모님의 무덤이 있는 고향을 그리워하는 막시무스의 사랑을 잘 보여준다. 막시무스는 그 치열한 전쟁터에서도 날 수를 세었다. 황제에게 군 복무를 마치면 고향으로 돌아가겠다고 말할 때도 집에 갔다 온 지 2년 하고도 264일이 지났다고 정확하게 말했다.

막시무스의 가정적인 면모는 일터에서도 그대로 드러났다. 게르만족과 치열한 전투를 앞두고 있을 때에도 막시무스는 병사들이 너무 지쳐 있음을 염려한다. 승리 후에도 병사들을 그대로 두면 얼어 죽고 말 것이라면서 황제에게 병사들의 휴식을 간청한다. 그는 아랫사람들은 안중에도 없이 그저 목표를 향해 밀어붙이는 상사가 아니었다. 이렇게 용맹함과 더불어 인간적인 면모를 함께 지니고 있는 그를 부하들이 목숨 걸고 따르는 것은 당연했다.

하지만 일도 잘하고 가정적이기도 한 것이 그렇게 쉬운 일은 아닌 듯하다. 막시무스는 야망을 가지고 부왕을 살해한 콤모두스에게 충성을 다할 수 없었기에 결국 가족을 잃었다. 막시무스가 가족들을 잃은 후에 오열하는 장면이 오늘 우리 시대 직업인들이 일하느라 가족을 제대로 돌보지 못하는 모습을 투영해준다.

다윗이 숨어 지내던 아둘람 굴이 얼마나 넓은 공간이었는지 몰라도 400여 명의 사람들과 가족들이 함께 생활하기가 그리 수월하지는 않았을 것이다. 다윗 왕에게는 물리적인 어려움보다 더한 두려움이 있었다. 무엇보다 다윗은 사울 왕의 기습이 두려워 밤잠을 제대로 못 잤을 것이다. 자기를 찾아온 수백 명의 사람들에게 아둘람 굴이 알려졌다면 사울 왕에게도 알려졌을 것이니 그곳은 시간이 지날수록 점점 더 위험해졌다.

그래서 다윗은 다시금 망명을 결심하고 이번에는 모압 땅으로 갔다. 얼마 전 첫 망명지로 블레셋을 택했다가 큰 곤경에 처했던 경험이 있지만 다윗은 사울 왕에게 기습당하는 일이 더 두려웠다. 모압으로 망명해야 했던 것은 상황이 그만큼 나빠진 위급한 상황이었음을 말해준다. 이런 가운데 다윗은 모압 왕에게 가서 자신의 부모님을 모실 만한 공간을 마련해 달라고 부탁했다. 자신은 야전에서 무리와 함께 있어도 좋으나 부모님만은 모압 왕과 함께 궁궐에 머물 수 있을 수 있게 해달라고 부탁한다. 연로하신 부모님 때문에라도 모압 왕이 청을 거절하지 못하리라고 생각했을까? 다윗 왕이 이렇게 부모님을 귀하게 여기는 모습을 보면서 우리는 중요한 교훈 하나를 배워야 한다. 다윗은 힘든 직장생활에서도 자신의 부모님을 부양하는 책임을 결코 포기하지 않았다.

다윗은 "하나님이 나를 위하여 어떻게 하실지를 내가 알기까지"(삼상 22:3) 부모님이 거할 곳을 부탁하는 것으로 보아 아둘람 굴에서 피한 후 잠시 거할 임시 처소를 얻기 위해 모압 왕을 찾아갔던 것으로 보인다. 모압 땅에 오래 머무를 계획이 아니었던 것이다. 하나님이 어떻게 자신을 인도하실지 기도하면서 하나님의 뜻을 찾으려고 했다. 하나님이 새롭게 인도하실 곳을 알려주시기까지 길지 않은 그 기간에도 다윗은 부모님에 대한 관심과 배려를 잊지 않았다. 다윗의 이런 모습은 효도가 무엇인지 잘 말해준다. 다윗은 자신의 직장이 비상 상황을 겪고 있는 와중에도 부모님을 배려하는 멋진 모습을 보여준다.

또한 한 사람이 자신의 가정에 어떻게 충실해야 하는지 다윗은 잘 보여준다. 직장 일이 많다는 이유로, 혹은 이른 바 하나님의 일을 한다는 이유로 가족에 대한 책임을 다하지 않고 가족의 희생을 강요하는 사람은 하나님이 기뻐하시는 사람은 아니다. 사도 바울이 말한다. "누구든지 자기 친족 특히 자기 가족을 돌보지 아니하면 믿음을 배반한 자요 불신자보다 더 악한 자니라"(딤전 5:8). 직장인들이 가장으로서, 가족의 구성원으로서 자신이 해야 할 의무를 다하는 것은 너무도 중요한 일이다.

한 쇼핑몰 회사를 섬기던 사목에게 들은 이야기이다. 한 직원이 와서 이야기하기를 자기는 퇴근하기 전에 기도를 한다고 했다. 어떤 기도를 하느냐고 물었더니 "하나님, 제가 퇴근하고 집에 가서 아이들과 놀아줄 수 있는 힘을 남겨주소서"라고 기도한다는 것이 아닌가! 무슨 이야기인지 물었더니 그 직원이 대답했다. 아침 일찍 출근해서 일을 하고 퇴근하면 보통 11시가 넘는데, 집에 돌아가면 그때까지도 아이들이 자지 않고 아빠를 기다리고 있다는 것이다. 집에 가면 아이들과 좀 놀아주고 시간을 보내야 하는데 몸이 너무 피곤하여 아이들과 놀아줄 만한 힘이 남아 있지 않았다. 그래서 퇴근 전에는 그렇게 기도한다고 했다.

얼마나 안타까운 모습인가? 한편 그 직원은 얼마나 멋진 아빠인가? 그런 직장인의 멋진 모습을 바로 다윗이 보여주었다. 다윗이 왕이 된 후의 일인데 법궤를 예루살렘으로 이전한 뒤에 번제를 드렸다. 이후 다윗은 백성들을 향해 여호와 하나님의 이름으로 축복하고 음식을 나눠준 후 돌려보냈다. 그리고 자신도 집으로 돌아갔다. 그런데 그렇게 다윗이 집으로 돌아간 일을 묘사하면서 역대기 기자는 의미 있는 진술을 하고 있다. "이에 뭇 백성은 각각 그 집으로 돌아가고 다윗도 자기 집을 위하여 축복하려고 돌아갔더라"(대상 16:43).

일이 힘들고 지쳐서 퇴근하여 집에 돌아가면서 아무것도 못하고 그냥 쓰러져 잠들어본 적이 있을 것이다. 우리 시대 직장인들에게서 흔히 볼 수 있는 모습이다. 직장생활을 오래 했던 한 목회자는 퇴근해서 일찍 들어오는 날에는 저녁을 먹고 아홉 시 뉴스를 보다가 잠드는 것이 일상이었다고 말했다. 그렇게 열 시 전에 잠들 수 있는 직장인이면 행복한 편이다. 훨씬 늦은 시간에 퇴근하고 또 다음 날 일찍 집을 나서야만 하는 고단한 삶을 사는 직장인들도 많다.

그러나 그렇게 힘들더라도 우리가 다윗 왕에게 한 수 배워야 한다. 다윗 왕은 전에 법궤를 옮길 때에는 절차를 잘 몰라 한 사람이 사망하는 사건까지 있었기에(대상 13:9-14) 더욱 신경 쓰면서 법궤를 옮기는 힘든 일을 마치고 집으로 돌아갔다. 그런데 다윗에게는 퇴근하는 이유가 있었다. 가족들을 축복하려고 집으로 돌아갔다는 것이다.

당신에게도 퇴근하는 목적이 있는가? 그저 일하다가 지쳤으니 쉬기 위해 집에 가는 것이지 무슨 목적이 있느냐고 말하지 말자. 이제부터는 나의 사랑하는 가족들을 축복하기 위해서 퇴근한다고 떳떳하게 말할 수 있어야 한다.

'나는 온종일 밖에서 일했으니 집에 와서는 혼자 나만의 시간을 가져야 한다'고 생각하지 말아야 한다. "나 건드리지 마! 피곤하니까 차 한 잔 마시고 스포츠 중계 볼 거야." 이러지 말아야 한다. 퇴근하면서 가족들에게 축복의 인사를 준비해서 해보자. 집에 들어가기 전, 엘리베이터의 거울을 보고 웃는 표정을 연습하면 좋다. "여보, 오늘 하루 어떻게 지냈어요? 보고 싶었어요." "어머니, 저 출장 잘 다녀왔습니다. 어머니가 좋아하시는 곶감 좀 사왔습니다." "○○야, 학교 가서 재미있었니? 오늘도 보드게임 함께하자."

미국의 기독실업인회(CBMC) 회장을 지낸 테드 디모스는 보험회사에서 일하며 30년 동안 실업인과 전문인들을 방문하며 사역했다. 그가 만난 사람들은 예외 없이 삶에서 행복과 만족을 얻고 인생의 의미를 찾기 위해 끊임없는 씨름을 한 안타까운 일이 있었다고 한다. 기업 경영자들이나 의사, 변호사, 엔지니어 같은 전문인들이 이른 바 스스로 생각하는 '최후의 도피처'로 권총을 자기 머리에 겨누고 방아쇠를 당기는 선택을 하는 것이었다.

그 사람들은 보통 젊은 시절부터 낙점되어 경영자 수업을 받으면서 가족과 함께할 시간을 포기하고 일에 매진한다. 시간이 흘러 경영자가 된 후에는 더 심해진 압박감에 시달리면서 일하게 되는데, 아내나 자녀들과도 제대로 된 관계를 갖지 못해 고통을 겪는다. 아내는 이제 남편 없어도 살 수 있다 하고, 아이들은 아버지 없이도 살아가는 방법을 터득했다는 게 아닌가! 무엇

때문에 그렇게 가족마저 팽개치고 일에 매진했는지 인생의 의미와 목적을 잃고 좌절하며 권총 자살을 하는 실업인들을 보면서 테드 디모스는 결심했다. 그래서 그들에게 복음을 전해야 할 필요성을 느끼면서 기독실업인회를 창립하게 되었다.

앞에서 말한 이만수 감독도 이런 경험을 했다. 그가 미국으로 가서 시카고 화이트삭스 팀에서 코치생활을 하던 때 타격코치로부터 견제와 모욕을 당하면서 너무 힘들었다고 한다. 그래서 아이들에게 학교를 휴학하고 6개월만 함께 지내자고 하면서 가족을 미국으로 불렀다. 그런데 미국에 온 아이들이 아버지를 슬슬 피하고 눈치를 보았다. 큰 쇼크여서 아내에게 말하니 "당신이 언제 아이들과 따뜻하게 대화해 본 적 있어요?"라고 해서 더 큰 충격을 받았다. 자신은 가정적인 사람이라고 생각했는데, 아내의 말은 그저 야구밖에 몰랐고 야구가 안 되면 성질을 부리고 아이가 울면 때렸으니 빵점 아빠였다는 것이다.

그렇게 충격을 받으면서 깨달은 가족관계를 회복하는 데 3년이 걸렸다고 이만수 감독은 말한다. 그가 한 인터뷰 기사에서 이렇게 말했다. "미국에 가서 가족이 하나 될 수 있었던 것이 제 인생에서 가장 좋았어요. 제가 현역 때 '이만수는 집과 교회와 야구밖에 모른다'고 했는데, 그게 순 거짓말이었어요. 미국에 안 갔으면 아이들하고 영영 가까워지지 못했을지도 몰라요."

그는 야구 시즌이 끝나고 쉬는 동안 아이들과 함께 지냈고, 그 유명한 아버지학교도 수료했다. 그러면서 자신에게 부족한 부분을 채우기 위해 노력했다. 그가 한국으로 돌아와 SK와이번스 수석코치로 있을 때 2007년 시즌에 팀이 첫 우승을 했다. 그때 큰아들이 그를 업고 그라운드를 돌았다. 과거 미국에서 코치로 있던 팀이 우승했을 때는 시험이 있어 함께하지 못했던 큰아들 대신 미식축구를 하는 거구의 작은아들이 그를 번쩍 안아들고 그라운드를 돌아다녔다.

가족의 구성원들은 누구나 서로 사랑하고 도우며 살아야 하지만 아버지에게는 더욱 큰 책임이 주어진다. 하나님이 한 가정의 중심으로 세우시고 아내와 함께 가정을 이끌어가야 하는 사명을 맡겨주셨기 때문이다. 영성 신학자 게리 토마스가 「부모학교」(CUP 펴냄, 2007)에서 들려주는 이야기가 가족들을 생각하는 아버지의 사랑을 잘 보여준다.

1918년, 헤비급 프로 권투선수 빌리 미스크가 신장이 심하게 손상되어 나이 서른을 넘기기 힘들 것이라는 사형선고를 받았다. 브라이트병이었다. 의사는 권투를 그만 두고 좀 더 안전한 일을 하며 몸조리를 하라고 권했으나 빌리는 이미 빚더미에 파묻혀 있었다. 먹여살려야 할 가족도 있고 자동차 판매사업은 망했기에 빌리는 주먹으로 이겨 돈을 버는 방법밖에는 없었다. 그래서 그는 환자이지만 계속 싸웠다. 요즘 헤비급 선수들은 보통 1년에 두 번 경기를 하는데, 그는 격월로 링에 올랐다. 브라이트병 진단을 받고도 서른 번을 싸웠는데, 그중 세 번은 전설적인 잭 뎀프시와의 승부였다. 쇠몽둥이 같은 그의 주먹은 빌리의 가슴에 시뻘건 타박상을 남겼다.

그러나 결국 브라이트병이 이겼다. 1923년 1월에 빌리는 생애의 마지막에서 두 번째 시합을 벌였고, 그해 가을에는 몸이 너무 수척해져 권투를 할 수 없었다. 하지만 빌리는 마지막 크리스마스를 가족들과 보내고 싶어 매니저에게 마지막 시합의 주선을 부탁했다. 너무 허약해진 빌리를 보고 매니저는 그 상태로 링에 가면 죽을 수도 있다고 말했다. 하지만 빌리는 앉아서 죽음을 기다리는 것보다 나으니 시합을 하겠다고 우겼다. 매니저는 빌리가 몸을 제대로 가눌 수 없으니 도저히 시합을 이기기는 힘들었지만 돈을 제법 받아내야 하니 꽤 힘든 적수를 찾아주었다. 유명한 뎀프시를 상대로 10라운드까지 버틴 빌 브레넌이라는 선수였다.

11월 7일을 시합일로 잡았으나 빌리는 더욱 수척해져 있었다. 겨우 링에 올라간 빌리는 사람들의 예상대로 4라운드까지밖에 못 가고 시합을 끝냈다. 빌리는 당시 1920년대에는 제법 큰돈인 2,400달러짜리 수표를 집으로 가져갔고, 아이들 셋과 아내 마리와 함께 멋진 크리스마스를 보냈다. 선물들이 쌓여 있고 바닥에 놓인 기찻길 위를 기차가 기적 소리를 내며 달렸다. 아내 마리는 꿈에 그리던 소형 그랜드 피아노가 거실에 놓인 것을 보았다. 그들은 노래하고 성탄절을 축하하며 함께 식사했다. 누구보다도 환히 웃던 빌리는 자신의 마지막 시합이 가치 있었음을 알았다.

크리스마스 다음 날 빌리는 다시 한 번 매니저에게 전화를 걸었다. "잭, 와서 나 좀 데려가게나. 때가 된 것 같네." 병원에서는 아무 손을 쓸 수 없었다. 신장이 작동을 멈추면서 입원한 지 6일 만인 1924년 1월 1일에 빌리는 세상을 떠났다. 고작 스물아홉 살이었다. 그런데 한 가지 이야기하지 않은 것이 있다. 4라운드밖에 못 갔던 빌리의 마지막 시합은 두 달도 못 되어 쓰러지는 중병을 앓던 빌리 미스크가 상대 선수를 이겼기 때문에 짧게 끝났다. 빌리 미스크는 4회에 케이오로 빌 브레넌을 이겼던 것이다. 죽어가면서 가족들에게 뭔가 남겨주려는 아버지에게는 함부로 덤비면 안 된다고 게리 토마스는 이야기를 마무리했다. 아버지의 희생정신이란 이런 것이다.

세상 사람들 앞이 아닌 하나님 앞에서 꼭 명심해야 한다. 가족을 제쳐두고 거두는 직업적인 성공은 성공이 아니다! 성공의 축에도 끼지 못한다. 성공에서 소외된 가족들의 가치가 한 사람이 이루는 성공의 가치보다 훨씬 크기 때문이다. 직장생활과 가정생활의 균형을 반드시 잡아야 한다. 먼저 나에게는 무엇이 문제인가 진단해보자. 때로 성공의 기준을 좀 낮추어야 할 수도 있다. 내가 거둘 인생의 비전과 이루어야 할 목표들, 그 속에 가족과의 바른 관계, 내 아내와 남편, 내 부모, 내 자식들도 반드시 포함시켜야 한다. 성공의 수준을 좀 낮추라. 그렇게 균형을 잡아야 한다.

힘든 상황이라도 하나님의 뜻에 순종하라

이제는 클래식으로 분류되는 영화 〈지붕 위의 바이올린〉(Fiddler on the Roof, 노만 주이슨 감독, 1971)에는 테비에라는 이름의 유대인 가장이 나온다. 가난하지만 신앙적인 전통에 대해 자부심이 대단한 테비에를 보면 흩어신 유대인들의 삶의 방식을 엿볼 수 있다. 테비에는 현대 문명의 영향을 받는 딸들과 갈등을 겪지만 가장으로서 가정을 하나님의 뜻에 따라 이끌어가려는 의지를 가지고 있다. 그중 하나가 테비에의 기도하는 모습이다.

테비에는 문제가 생길 때마다 기도한다. 그렇다고 경건하게 무릎을 꿇고 기도하는 것이 아니다. 이야기를 하다가도 먼 산을 쳐다보거나 하늘을 쳐다보면서 하나님과 이야기한다. 기도의 내용도 다양하다. "하나님, 차라리 우리 유대민족이 선택받은 백성이 아니라도 좋으니 이런 어려움은 좀 지나가게 해주십시오"라는 심각한 내용도 있다. 또한 "하나님, 바쁘지 않으시면 가난한 재단사인 우리 사위에게 재봉틀 하나만 마련해 주십시오"라고 현실적인 기도도 한다.

또 셋째 딸이 그리스정교를 믿는 러시아 청년과 결혼한다고 할 때도 테비에는 기도한다. 물론 기도한 후 곧 스스로 응답받는다. 절대 안 된다고. 영화는 테비에가 기도할 때마다 카메라 기법을 독특하게 써서 테비에가 이야기하는 사람과 갑자기 멀어진다. 일상 속에서 수시로 기도하며 하나님의 뜻을 찾아 살려는 모습을 영화는 그렇게 특별하게 표현하고 있다.

힘겨운 직장생활을 감당하면서 가족을 돌보던 다윗도 하나님의 뜻을 찾고 있었다. 다윗이 있던 모압 왕의 요새에 선지자 갓이 나타났다. 그가 찾아와 말했다. "너는 이 요새에 있지 말고 떠나 유다 땅으로 들어가라"(삼상 22:5). 비록 위험하고 불편하더라도 다윗이 유다 땅으로 들어가야 한다는 하나님의 뜻을 선지자 갓은 분명하게 전했다. 그러자 다윗은 주저하지 않고 선지자의 명령에 순종해 유대 광야에 있는 헤렛 수풀로 갔다.

다윗의 이러한 순종을 우리는 신앙생활, 경건생활, 혹은 교회생활이라고 말할 수 있을 것이다. 다윗이 찾고 있던 하나님의 뜻을 객관적으로 평가해보면 순종하기에 수월한 상황은 아니었다. 새로 찾아간 망명지인 헤렛 수풀은 큰 나무들이 많지 않은 유대 광야의 상황을 생각할 때 은폐 상황이 좋지 않았을 것이다. 유대 광야의 절반 이상은 인간의 생존 한계인 연간 200밀리미터의 비도 내리지 않는 지역이다. 유대 광야는 수백 명의 사람들이 숨어 지낼 만한 숲이 있을 곳이 아니었고, 지금도 극한 상황을 견뎌내는 자동차들의 경주 장소로 이용된다. 그런 곳에 나무가 얼마나 있었겠는가? 그곳에 있는 '수풀'의 안전성은 임시 거처로 머물던 모압 왕의 '요새'와는 비교 자체가 안 되었을 것이다. 그 이전에 머물던 아둘람 '굴'보다도 훨씬 열악했다.

부하들과 가족들의 생명을 살려야 할 지휘관으로서 다윗은 아무리 생각해봐도 갓 선지자가 전해준 하나님의 말씀이 부당하게 느껴질 수 있었다. 하지만 다윗은 하나님의 명령에 순종했다. 이 결정은 다윗의 믿음이 이전보다 성장한 것을 잘 말해준다. 환경은 더 어려워졌을지라도 하나님이 인도해주실 것을 확신했으니 헤렛 수풀로 옮겨갈 수 있었던 것이다. 실제로 다윗이 다시 유다 땅에 나타났다는 소식은 사울 왕에게 즉각 알려졌고 위험해졌다(삼상 22:6).

우리 크리스천들을 향한 하나님의 뜻은 늘 안정되고 편안하며 아무 탈이 없는 상황에서 살게 하는 것만은 아니다. 예수님을 믿으면 복을 받아서 아무런 어려움이 없다고 누가 말하던가? 신약성경 메시지의 많은 부분이 예수님을 믿는 제자들에게는 고난이 따른다는 것인데, 누가 성경의 가르침을 왜곡하는가? 좀 불편하고 불안해도 하나님의 인도하심을 확신하면서 나아가는 것이 믿음이다. 믿을 것이 하나도 없는 환경이니 하나님만 의지하는 것이다. 이렇게 단순할 수가 없다! 나를 못 믿겠고 믿을 만한 구석이 하나도 없으니 하나님만 믿는 것이다. 믿을 만한 것이 많은 사람이 왜 하나님을 믿겠는가?

사도 바울도 빌립보교회 성도들에게 말한다. "그리스도를 위하여 너희에게 은혜를 주신 것은 다만 그를 믿을 뿐 아니라 또한 그를 위하여 고난도 받게 하려 하심이라"(빌 1:29). 그리스도의 제자로 세상을 살아가는 사람들에게 고난은 필수라고 할 수 있다. 하나님이 그렇게 명령하신 것이라고 확신한다면 그 고난의 길을 가는 것을 두려워하지 말아야 한다.

이렇게 다윗이 선지자 갓을 통해 들은 하나님의 뜻을 실천한 것은 바로 이런 중요한 의미를 가지고 있다. 어떤 형태로 나타나는 하나님의 뜻이건 분명히 깨달았다면 위험이 따르고 고통이 예상되어도 순종해야 한다. 우리의 직장생활과 가정생활이 중요하지만 그것이 인생의 모든 것은 아니다. 직장인들에게 기도 제목을 알려달라고 하면 '직장생활 잘하고 가족들 건강한 것'이라고 말하곤 한다. 그런데 그 기도 제목이 중요하지만 우리 인생의 궁극적인 목적은 아니다. 하나님이 그분의 뜻에 따라 우리를 부르시고 헌신을 요구하신다. 그 부르심에 응답할 수 있어야 한다.

영화 〈글래디에이터〉에 나오는 막시무스도 가족을 잃고 원형 경기장에서 사람들의 살육 욕망을 대신 채워주는 검투사로 전락했다. 하지만 로마를 공화정으로 바꾸기 위해 원로원에 권력을 넘겨주는 일을 자신에게 맡긴 황제의 뜻을 막시무스는 잘 알고 있었다. 권력을 쟁취해 복수하려고 한 것이 아니라 황제의 뜻을 받들어 로마를 정상적인 궤도 위에 올리려고 했다. 콤모두스 황제와 결투를 하다 그를 죽인 후 막시무스도 쓰러졌다. 의식을 잃어가는 막시무스는 황제가 자신을 통해 알린 로마의 향후 계획에 대해 분명하게 밝히고 장렬하게 최후를 마쳤다. 자신은 그리던 고향과 가족들이 있는 곳으로 가지만 그의 희생과 죽음을 통해 로마 제국이 제자리를 찾아갈 것을 막시무스는 알고 있었다. 그래서 그의 주검 앞에 선 로마 사람들은 모두 경의를 표했다.

직장생활과 가정생활, 교회생활을 나누어 생각해 보았는데 각각의 삶의 마당에 목표가 있다. 사람들은 직장생활에서는 성공을 추구하고 가정생활에서는 행복을 추구한다. 그리고 교회 생활에서는 신앙을 추구한다. 이 세 가지는 세상 속에서 살아가는 그리스도인들이 추구하는 목표들이다. 그런데 이 세 가지를 다 얻을 수는 없으니 하나를 얻기 위해서는 다른 것을 포기하거나 희생해야 한다고 생각한다. 그러나 그것이 하나님의 뜻은 아니다.

신앙을 가지고 세상에서 성공하고 가정에서 행복하기 위해서는 현실의 삶에서 조정이 필요하다. 왜냐하면 각 삶의 영역들은 서로 겹치고 부딪히는 부분이 있어서 절충이 필요하기 때문이다. 이 조정의 문제를 해결하기 위해 크리스천들은 우선순위의 원리를 적용하곤 한다. 삶에서 가장 우선이라고 할 수 있는 하나님과 갖는 시간을 가장 먼저 배정해야 한다. 그리고 삶의 각 영역의 시간에 대해서 균형을 이루기 위해 우리는 노력해야 한다. 가정과 직장과 교회의 균형을 찾는 것인데, 어떻게 순서를 정해도 좋다. 한 가지를 가장 앞세우려고 하지 말고 세 가지 삶의 영역을 다 중요하게 생각하는 것이 좋다. 트라이앵글은 정삼각형이기 때문에 이리저리 돌려도 모양이 같다. '직장-가정-교회'의 순서도 좋고, '가정-직장-교회' 또는 '교회-직장-가정'의 순서도 좋다. 세 영역이 모두 중요함을 깨닫고 균형을 잘 맞추기 위해 노력해야 한다.

그러면 어떻게 균형을 이룰 수 있는가? 예를 들어 가정에 특별한 일이 생기면 직장이나 교회에 양해를 구할 수 있다. 직장이나 교회 때문에 가정에 대한 책임을 다하지 않는다면 신앙인으로 무책임한 사람이 되는 것이다. 마찬가지로 직장 때문에 가정이나 교회생활이 희생되지 않아야 한다. 만일 직장에서 맡겨진 피할 수 없는 일 때문에 가정이나 교회생활에 소홀할 수밖에 없다면 가족들이나 교회의 지체들에게 양해를 구할 수 있다. 교회생활도 마찬가지다. 때로 교회에서 감당해야 할 일 때문에 가정이나 직장에 누를 끼칠 수가 있다. 그럴 때는 역시 가정이나 직장에 양해를 구할 수 있어야 한다. 물론 가정이나 교회의 일 때문에 직장에 양해를 구할 때 선뜻 호응받기는 쉽지 않을 것이다. 그래도 최대한 노력하며 균형을 맞추기 위해 노력해야 하겠다.

그런데 양해를 구한다고 하면서 "직장 때문에 앞으로 5년 동안 나는 교회나 가정에 소홀할 수밖에 없다"고 하면 안 된다. 그때에는 하나님이 자신에게 주신 비전을 점검하면서 직장 일을 계속해야 할지 말아야 할지 중요한 선택을 해야 할 상황이기 때문이다. 양해를 통한 균형은 일정한 기간, 예를 들어 6개월이나 1년 정도의 기간이 한계라고 이해하는 것이 좋다. 그 이상은 삶에 심각한 부조화와 갈등이 생기기 쉽다.

지금까지 '다윗의 트라이앵글'을 살펴보았는데, 이후에 신약성경을 보다가 '바울의 트라이앵글'을 발견하면서 또 한 번 무릎을 쳤다. 에베소서에서 사도 바울은 성령의 충만을 받으라고 권면한다(엡 5:18). 바울이 말하는 성령의 충만은 사도행전 2장, 혹은 고린도전서 12장처럼 영적 은사가 충만하게 나타나고 성령의 역사가 드러나는 모습이기도 하다. 그런데 에베소서에서 바울이 말하는 성령의 충만은 관계적이다.

사도 바울은 성령의 충만을 받으라고 하면서 시와 찬송과 신령한 노래로 서로 화답하며 범사에 하나님 아버지께 감사하라고 한다. 그리고 그리스도를 경외함으로 피차 복종하라고 권면한다(엡 5:19-21). 이것은 교회생활을 말하는 것이다. 예배를 드리고 성도들과 교제하며 바람직한 관계를 가지라는 권면이다.

그리고 바울은 아내들에게는 남편에게 복종하라 권면하고, 남편들에게는 자기 아내를 그리스도께서 교회를 사랑하심과 같이 사랑하라고 권면한다. 부부의 삶을 말한 후 바울은 자녀들에게는 주 안에서 부모에게 순종하라 권면하고, 아비들에게는 자녀를 노엽게 하지 말고 오직 주의 교양과 훈계로 양육하라고 말한다(엡 5:22-6:4). 이렇게 부부관계와 부모 자식 간의 관계를 말하는 것은 가정생활이다.

이후에 바울은 종들에게 두렵고 성실한 마음으로 상전에게 순종하기를 그리스도께 하듯 하라고 권면한다. 상전들에게도 종들을 대할 때 그리스도께 하듯 하고 그들의 상전이 하늘에 계신 줄 알라고 권면한다(엡 6:5-9). 이것은 직장생활이 아닌가! 바울은 여기서 직장 속의 상하관계를 직접적으로 명시하면서 교훈하고 있다.

이 세 가지 영역의 삶에 대해 다룬 후 바울은 하나님의 전신갑주를 입고 사탄의 간계를 능히 대적하기 위해 노력해야 한다고 권면한다(엡 6:10-20). 결국 성령의 충만함은 교회생활, 가정생활, 직장생활을 잘 감당하는 것을 말한다. 하나님의 전신갑주를 입고 사탄과 대적해서 싸우는 일이 바로 이런 트라이앵글의 기본적인 삶이라 강조하고 있다. 결국 '바울의 트라이앵글'을 우리는 에베소서 5장과 6장에서 확인할 수 있다. 그리스도인의 삶에서 트라이앵글은 이렇게 중요하다.

우리 집 아이들이 초등학교에 다닐 때 음악시간에 쓰던 악기가방에는 지금도 트라이앵글이 들어 있다. 전에 그 트라이앵글의 한쪽 끝을 잡고 삼각형을 벌려서 펴보려고 시도해 보았다. 그러나 더 세게 당기면 부러지거나 다칠 것 같아서 펴보지는 못했다. 그런데 40여 년 전 내가 초등학교에 다닐 때 사용하던 트라이앵글은 굵은 철사를 구부려놓은 것이었다. 트라이앵글을 길게 펼쳐서 쳐본 기억이 난다. 소리가 나긴 났다. 그런데 정상적인 트라이앵글의 소리와는 차이가 나는 것을 느낄 수 있었다.

나중에 알았는데 트라이앵글의 정삼각형의 내부 공간이 공명의 공간이었다. 트라이앵글을 펼쳐서 치면 정상적인 소리와 다른 쨍쨍거리는 소리만 날 뿐이었다.

하나님은 오늘 우리 크리스천들이 세상 속에서 살아가면서 직장생활과 가정생활, 교회생활이라는 삶의 중요한 영역에서 조화를 잘 이루며 살아가기를 바라신다. 하나님의 뜻에 따라 조화를 이루기 위해 노력하는 삶을 살 때 하나님의 크신 은혜를 맛볼 수 있다. 당신의 트라이앵글을 점검해보라. 어떤 소리가 나고 있는지 확인해보라.

08 _ 설득(persuasion) 리더십

공감하며 이끌어내는 팀워크

"하나님의 뜻대로!"라는 말을 크리스천들이 자주 한다. 헤어질 때 "하나님의 뜻을 찾기 위해 기도해보자"라고 인사하기도 한다. 그만큼 크리스천들에게 있어서 하나님의 뜻은 중요하다. 하지만 한 공동체에서 하나님의 뜻을 리더 한 사람만 깨달아 알면 되는 것인가? 그렇지는 않다. 공동체 구성원 전체가 인식해야 한다. 처음에는 한 사람이 깨닫더라도 그 깨달음을 공동체가 공유해야 한다. 그런 설득의 리더십이 발휘되어야 공동체가 바람직한 방향으로 나아갈 수 있다.

이것은 교회뿐만 아니라 직장이나 가정도 마찬가지다. 공동체라면 이렇게 하나님의 뜻을 구성원들이 함께 나누는 일이 필요하다. 이것이 바로 팀워크이다. 그런 면에서 다윗과 그 부하들이 수행했던 '그일라 탈환 작전'(삼상 23:1-5)은 공동체가 노력하여 하나님의 뜻을 찾은 '설득 리더십'의 좋은 본보기가 될 수 있다.

팀원들과 공감하여 문제를 해결하라

다윗 왕만큼 전쟁을 많이 치른 이스라엘의 왕도 없다. 블레셋의 장수 골리앗을 죽이고 이스라엘의 정치 무대에 공식적으로 등장한 사람이 다윗이다. 그는 사울 왕의 미움을 받아 결국 망명생활을 시작했고, 왕이 되기도 전에 이미 숱한 전투를 치러야 했다. 망명시절의 한 사건을 기록한 사무엘상 23장은 다윗이 머물던 곳 근처에 있던 변경의 요새 그일라에 블레셋 사람들이 쳐들어왔던 일을 다루고 있다. 블레셋 사람들은 추수 무렵이면 쳐들어와 타작마당을 탈취해 1년 동안 농사지은 곡식을 빼앗아가는 고약한 약탈의 습관을 가지고 있었다.

다윗은 그일라가 다시 침입 당했다는 소식을 듣고 당장 달려가 동족을 구하고 싶었다. 그런데 다윗은 그때 하나님께 기도했다. 동족이 외적의 침입을 받아 다윗에게 도움을 청했다면 한시라도 빨리 나가서 싸우는 일이 급했을 것이다. 그런데 다윗이 그 일을 하기 전에 먼저 기도하고 있는 것에 주목해야 한다. 어쩌면 당연하게 해야 할 일상적인 일을 기도했다. 이런 점이 지도자 다윗의 훌륭한 모습이다. 바람직한 기도는 기도할 만한 것만 기도하는 게 아니라 당연히 해야 할 일도 기도하는 것임을 보여준다.

기도하는 다윗에게 주신 하나님의 응답도 사실 특별한 것이 없었다. 다윗이 "내가 가서 이 블레셋 사람들을 치리이까"라고 기도했다. 그러자 하나님은 "가서 블레셋 사람들을 치고 그일라를 구원하라"고 응답하셨다(삼상 23:2). 하나님의 응답이 다윗이 한 기도의 내용과 거의 일치했다. 다윗의 기도에 응답의 내용만을 보태 답하셨다. 이것을 자칫 잘못 생각하면 이런 기도는 하지 않아도 되지 않았느냐고 오해할 수도 있다. 기도하느라 시간을 낭비하는 것보다 빨리 가서 일을 하는 게 더 나을 것이라고 생각할 수도 있다. 그러나 '괜히 한 기도'란 결코 없다. 크리스천들은 모든 일에 기도해야 한다(살전 5:17).

액면 가격으로 얼마짜리 이상의 '비싼' 일만 기도하고 그렇지 않은 일은 그냥 처리하려고 했다가 낭패를 본 경험이 우리에게 얼마나 많은가? 기도가 문제를 해결한다. 어떤 문제라도 기도해야 한다. 기도하면서 "이것은 제가 하는 것이 아니고 아무리 사소한 일이라도 주님이 하시는 것입니다"라는 고백을 드리는 것이다. 그것이 기도의 자세이다. 그런 의미에서 기도는 만사(萬事)이다.

마틴 루터는 "나는 오늘 할 일이 너무 많기 때문에 그만큼 더 많은 시간을 기도한다"라고 말했다. 평소에는 두 시간 동안 하나님에게 기도했는데, 바쁜 날은 네 시간 동안 기도했다고 한다. 바쁜 날 하루 네 시간씩 기도하면서도 루터는 수많은 저작을 남기고, 설교하고 활동하며 중세 교회를 개혁하는 일도 해냈다.

이렇게 기도를 통해 하나님의 음성을 듣고 블레셋과 전투하는 것에 대해서 확신한 다윗은 자신의 기도와 하나님의 응답으로 주어진 하나님의 뜻을 참모 회의에서 전달했다. 그러나 참모들의 반응은 냉담했다. 그렇다고 그들의 주장이 반대를 위한 반대는 아니었다. 부하들은 지금은 전쟁할 때가 아니라고 이구동성으로 말했다. 다윗이 가만히 생각해 보니 그들의 반응도 무시할 수 없었다. 유다 땅에 숨어 있는 것도 두려운 망명객의 처지인데, 블레셋과 접경 지역에 있는 그일라에 가서 블레셋 사람들과 전쟁을 하는 것은 현명하지 못할 것이라는 판단이었다(삼상 23:3). 만약 이 사실을 알고 사울 왕이 추격해 오면 다윗의 사람들은 앞뒤의 적으로 막혀서 그야말로 독 안에 든 쥐 꼴이 되는 셈이었다.

이렇게 다윗의 참모들이 제시하는 반론은 매우 합리적이었다. 하지만 다윗의 입장에서도 답답한 것은 마찬가지였다. 다윗은 기도했을 때 분명한 응답으로 하나님의 뜻을 확인했다. 더구나 리더인 다윗이 공동체 전체를 염두에 두고 앞을 내다보는 안목으로 판단했다. 다윗은 그일라 전투에 꼭 참전하여 승리해야만 했다. 그러면 망명생활을 하면서도 백성들의 어려움을 외면하지 않는 지도자라는 명분을 세울 수 있었다. 동시에 요새 지역에 안정된 근거지를 확보할 수 있었다. 그일라는 블레셋과 접경 지역에 위치해 있어서 다윗이 그곳에서 머물 수만 있다면 사울 왕이 블레셋과의 충돌을 감수하면서 다윗을 잡으러 오는 모험은 하지 않을 것이었기 때문이다. 이렇게 다윗은 지도자로서 앞을 내다보는 안목을 가지고 있었다. 지도자로서 다윗이 가진 포석을 부하들이 전적으로 이해하기는 쉽지 않았을 것이다.

그러나 이때 다윗은 참모들의 반대를 받으면서도 자기의 생각을 강요하지 않았다. 참모들을 설득하려고 노력했는데, 다윗이 공감을 이끌어내기 위한 설득의 방법은 독특했다. 윽박지르며 강변하는 것이 아니었다. 한 사람씩 설득하는 방법을 쓴 것도 아니었다. 그저 다시 한 번 기도하는 방법이었다. 물론 다윗은 첫 번째 자신이 했던 기도와 똑같은 내용의 기도를 다시 반복했다.

이때 사람들은 이렇게 오해할 수 있었다. 다윗이 전에 기도해서 받았다는 응답이 잘못되었기 때문이라고 그들이 생각할 수 있었다. 기도를 다시 한다는 것은 이미 그런 전제를 하는 것이었다. 첫 번째 기도에서 확실한 응답을 받았다면 왜 다시 기도를 하느냐고 사람들이 수군거렸을 것이다. 혹은 어떤 사람들은 다윗의 리더십을 의심했을지도 모른다. 귀가 얇고 우유부단해서 주관이 없다고 말이다.

그러나 그런 오해를 받더라도 다윗은 다시 한 번 기도함으로써 하나님의 뜻을 공동체 전체가 깨달을 수 있기를 원했다. 이것이 참으로 멋진 다윗의 설득 리더십이다. 지도자의 입장에 선 사람이 이런 결심을 하는 것은 결코 쉽지 않다. 하지만 다윗은 전쟁은 혼자서 하는 게 아니라 자신을 믿고 따르는 공동체 구성원들과 함께하는 것임을 알고 있었기 때문에 이렇게 설득했다. 다윗은 팀원들의 공감을 끌어내기 위해 자신의 행동이 비난받을 수 있는 것도 감수하면서 다시 기도했던 것이다.

그렇게 다윗이 다시 한 번 기도했을 때 하나님은 첫 번째 기도 때와 동일한 응답을 주셨다. 나아가 하나님은 "내가 블레셋 사람들을 네 손에 넘기리라"(삼상 23:4)고 말씀하시면서 이 전쟁이 하나님께서 하시는 전쟁임을 분명히 알려주셨다. "네 손에 넘긴다"는 표현은 구약성경에서 하나님이 함께하시는 전쟁을 묘사하는 관용구이다. 이제 부하들에게서 의심과 두려움의 안개가 다 걷혔다. 이렇게 하나님의 동일한 응답에 힘을 얻은 다윗과 그의 무리는 그일라로 가서 블레셋 사람들과 맞서 싸웠고, 큰 승리를 거두었다.

이 전쟁의 승리로 다윗과 그의 공동체는 많은 것을 얻었다. 핍박을 받아 도피중인 차기 왕 다윗이 백성들의 어려움을 외면하지 않았다는 정치적인 명분을 얻을 수 있었다. 또한 하나님의 뜻을 찾는 일에 있어 팀장으로서 다윗이 모든 팀원의 공감을 얻어 팀워크를 이루는 좋은 선례를 남기는 기회도 되었다. 아울러 망명생활에 도움을 줄 많은 전리품을 얻는 기쁨은 보너스라고 할 수 있었다.

리더 한 사람만이 기도해서 얻는 비전만이 능사가 아니다. 모든 사람이 공감할 수 있도록 그들을 설득하는 일 역시 훌륭한 리더십이다. 우리 일터에서도 사람을 이끄는 리더들은 공동체 구성원들과 비전을 공유할 수 있는 기회를 가져야 한다. 그래야 일터가 하나님의 뜻에 따라 앞으로 나아갈 수 있다. 일터의 리더들은 이 말씀을 명심하고, 또 일터에서 스태프나 팔로워의 입장으로 일하는 사람들도 리더가 설득 리더십을 발휘할 수 있도록 도와 멋진 공동체를 만들어갈 수 있도록 노력해야 하겠다.

먼저 경청한 후 설득시켜라

나는 오른쪽 귀가 잘 들리지 않는다. 오른쪽 귀가 정확한 소리를 듣는 귀라고 하는데 잘 들리지 않으니 불편한 점이 많다. 청력 검사를 하면 고음 부분을 잘 못 들어서 아이들이나 여성들과 이야기를 할 때 더욱 신경 써서 들어야 한다. 귀가 잘 안 들리면서 생긴 습관 하나는 잘 들으려고 귀를 기울이게 되었다는 것이다. 사람의 말에 집중해야 들리고 입모양도 봐야 잘 알아들을 수 있으니 대화에 집중하게 되었다.

스티븐 코비도 성공하는 사람들의 일곱 가지 습관들 중 다섯 번째로 "먼저 이해하고 다음에 이해시키라"는 습관을 말한다. 개정판이 나오기 전의 초기 판에서는 "경청한 다음에 이해시켜라"였다. 잘 들으면 이해할 수 있으니 경청하는 것이 설득의 기초가 된다는 뜻이다. 누구나 경험하는 대로 언어를 배울 때는 먼저 많은 말을 잘 들어야 말을 제대로 할 수 있다. 의사는 진단을 잘 해야 처방을 제대로 할 수 있다. 청진기는 몸속의 소리를 듣는 경청 기구가 아닌가? 주의를 기울여서 듣는 것은 중요하다. 그래서 야고보는 경청에 대해서 한마디로 말한다. "듣기는 속히 하고 말하기는 더디 하며 성내기도 더디 하라"(약 1:19).

지혜의 대명사인 솔로몬 왕이 하나님을 기쁘시게 한 것이 바로 이 점이었다. 하나님이 솔로몬에게 소원 하나를 말하라고 했을 때 솔로몬은 한 나무꾼처럼 "소시지가 먹고 싶다"고 말하지 않았다. "저는 부족하고 제가 다스릴 백성들은 수효가 많습니다. 제가 백성들의 말을 잘 듣는 마음을 주셔서 선악 간 판단을 잘할 수 있도록 도와주십시오." 그렇게 솔로몬이 듣는 마음, 지혜를 구했다(왕상 3:7-9). 그것을 하나님이 매우 기뻐하셨다. "정말 내 마음에 든다. 내가 너의 그 기도를 들어주마. 네가 구하지 않은 것도 다 너에게 주어서 수명과 부와 원수 멸하는 것도 허락하겠다. 그리고 너에게 지혜를 주어서 너와 같은 사람이 전에도 후에도 없게 하겠다"고 말씀하셨다.

부부 관계에서도 들어주는 사람이 배우자를 사랑하는 사람이다. 들어줄 때 갈등을 극복할 수 있다. 특히 남편들은 더욱 신경 써야 할 것이고, 아내뿐만 아니라 자녀들에게도 들어주기를 더 잘해야 한다. 들어주지 않고 말하는 것은 아무리 옳은 말이라도 '잔소리'가 되기 쉽다. 식장에서 일을 할 때도 잘 들어야 업무 수행에서 실수를 막을 수 있다. 다른 사람들의 말을 잘 들어야 사람들과 관계를 잘 맺을 수가 있다. 자기 말만 하는 사람은 윗사람이든 아랫사람이든 사람들의 마음을 얻지 못하기 때문이다. 먼저 들어야 마음을 얻고 제대로 소통할 수 있다는 사실을 꼭 기억해야 한다.

이렇게 듣는 것이 중요하다는 사실을 알아도 실천하기는 어렵다. 경청은 의지를 가지고 노력해야 얻을 수 있는 습관이다. 어떻게 듣느냐가 중요하다. 듣는 척하는 것은 온전한 경청이 아니다. 경청하려는 의지를 가지고 학습하는 자세로 듣는 것이 중요하다. 잘 들어보면 상대방의 의도가 보인다. 그리고 공감의 단계로 나아갈 수 있다. 경청에서 가장 중요한 것은 공감적인 경청이다. 이것은 코칭 리더십에서도 강조하는 것으로 말하는 사람의 입장이 되어 그 사람의 마음과 감정을 조율하면서 듣는 자세이다. 이렇게 공감적으로 경청하면 듣는 사람들이 금방 느낀다. 그리고 이렇게 들어주기만 하면 대답을 듣기 전에 문제가 해결되기도 한다. 상대방의 마음을 이해해주면 문제가 당장 해결되지 않더라도 일단 마음에 해결책을 가지고 돌아간다. 우리가 하는 고민에 대한 답도 사실 그리 거창한 것은 아니잖은가?

'설득'이라고 하면 사람들의 생각이나 마음을 자기의 방향으로 향하게 하는 것이라고 생각할 수 있다. 그런데 그것은 오해이다. 설득이란 오히려 상대방이 자신을 이해할 수 있도록 도와주는 것이다. 이해와 설득은 동전의 양면이라고 할 수 있다. 그러므로 설득을 해서 원하는 목적을 달성할 수 없었다 해도 설득 그 자체로 가치가 있다. 왜냐하면 그 설득의 과정을 통해 서로를 좀 더 알았기 때문이다. 이번에는 해결되지 않았어도 다음에는 한 걸음 더 가까이 다가설 수 있다.

얼마든지 명령만 하셔도 되는 하나님도 인간들을 향해 설득하셨다. 이사야 선지자를 통해 하나님이 이렇게 말씀하신다. "오라. 우리가 서로 변론하자"(사 1:18). 설득의 마당으로 하나님이 이스라엘 백성들을 초대하셨다. 잘못했으니 그저 시키는 대로 하라고 강요하기보다 대화를 통해 설득하시려는 것이었다. 하나님이 인간들에게 하신 설득의 절정이 바로 아들 예수 그리스도를 십자가에 죽게 하신 것이다. 수많은 선지자들을 통해 설득해도 알아듣지 못하니 최후의 카드로 하나님은 자신의 아들을 보내어 마지막 설득을 행하신 것이다.

이런 설득은 특히 일터에서 필요하다. 먼저 윗사람이 지시하는 상황을 생각해보자. 어떤 사항을 그저 명령하고 순종하라고 요구하기보다는 그 명령에 대해 자세히 설명을 하고 당위성을 아랫사람에게 설명하면 어떤가? 약간 힘이 들고 시간이 걸릴 수도 있겠다. 급히 할 일이라면 불필요한 시간 낭비를 할 수도 있다. 하지만 그렇게 설득되었을 때 아랫사람들이 마음을 열고 순종하는 것이 훨씬 부드러워질 수 있을 것이다. 시키는 대로 억지로 한다는 생각을 버리고 자발적으로 일할 수 있다. 동기부여가 되기 때문이다.

이 설득은 윗사람에게만 해당되는 것이 아니라 아랫사람들에게도 적용된다. 윗사람에게 무엇인가 요구했다가 윗사람이 거절하면 그냥 쉽게 포기해버리는 경우가 많다. 그러면서 윗사람의 무지와 편견을 탓하며 신세를 한탄할 수도 있다. 그런데 보다 자세한 설명과 함께 인과관계를 잘 밝히면서 윗사람을 설득하기 위해 노력하는 자세가 아랫사람들에게 필요하다. 역시 힘이 들고 시간이 걸리겠지만 그렇게 함으로써 윗사람의 마음을 살 수 있다.

스티븐 코비도 그의 책 「성공하는 사람들의 7가지 습관」(김영사 펴냄, 2003)에서 자기가 아는 한 사람을 소개한다. "왜 우리 상사는 아무런 노력을 하지 않을까요?" 분명히 이야기했고, 그 문제점을 그 상사도 알고 있는데 전혀 고치려 하지 않는다고 한다. 효과적으로 설득했느냐고 물으니 그렇게 했다고 대답했다. 그런데 '효과적'이라는 것은 일이 제대로 된 것을 말한다. 효과적으로 설득하는 것은 그 상사의 사고방식으로 생각하는 것이다. 상사에 대해서 연구하고 생각하고 기다리고 준비해야 한다는 것이다. 상사의 리더십 스타일을 바꾸려면 우선 나의 설득하는 방식을 바꿔야 한다는 교훈이다.

그러면 어떻게 효과적인 설득을 할 수 있는지 다윗을 통해 생각해보자. 다윗이 나중에 왕이 된 이후의 상황인데, 아들 압살롬이 아버지를 반역하면서 벌어진 일을 통해 설득에 관한 비교를 해볼 수 있다. 다윗 왕이 떠난 예루살렘 성에 압살롬이 입성

했던 때의 일이다. 다윗의 모사(謀士)였던 아히도벨이 그곳에 남아 있었는데, 그는 다윗을 배신하고 압살롬의 모사가 되었다. 또 한 사람이 있었는데, 다윗이 몽진을 떠나면서 전략적으로 궁에 남겨 놓은 그의 친구 후새였다. 후새도 역시 모사여서 압살롬에게 전략을 제안했다.

다윗 왕을 몰아내고 쿠데타를 완성하기 위한 두 모사의 제안에는 차이가 있었다. 먼저 아히도벨은 핵심을 정확히 진단했고 전략도 훌륭했다. 부왕을 몰아내고 새로운 아들 왕이 탄생한 것을 알리기 위해 후궁들과 동침하라 했고, 기습 전략으로 다윗 왕을 추격해서 다윗 왕만 사로잡으면 큰 인명 손실 없이 쿠데타를 완료할 수 있을 것이라고 제안했다. 그의 전략은 옳았고, 그렇게 시행했으면 쿠데타에 성공할 수 있었을 것이다. 물론 하나님이 압살롬을 무너뜨리기 위해 그 전략을 압살롬이 만족하지 않게 하셨다. 아히도벨의 전략에 동의하면서도 압살롬은 후새의 전략도 들어보자고 했다.

후새는 이렇게 말했다. "왕의 아버지와 그의 추종자들은 전쟁에 익숙한 사람들이고 곰이 새끼를 빼앗긴 것같이 격분해 있습니다. 아마 다윗 왕은 백성들과 함께 자지 않을 겁니다." 다윗 왕의 상황, 압살롬도 알고 있는 상황에 공감하도록 설득했다. 그리고 후새는 이미지로 말했다. 다윗 왕과 추종자들이 새끼를 빼앗긴 곰같이 화났을 것이라고 말했다. 사자 같은 마음을 가진 용사, 바닷가의 많은 모래같이 백성들을 모을 것이라고 했다. 그러니 친히 참전하라고 압살롬을 설득하면서 다윗 왕을 기습해서 이슬이 땅에 내림같이 덮어버리자고 제안했다. 그들이 어느 성으로 들어가면 온 이스라엘 사람들이 밧줄을 가져다가 그 성을 강으로 끌어 돌 하나도 보이지 않게 하자고 결전의 의지를 돋우었다.

대여섯 차례나 '곰, 사자, 바다의 모래, 땅을 덮은 이슬, 밧줄에 묶인 성'과 같은 선명한 이미지로 설명하고 있다. 아히도벨이 핵심만 몇 줄 적어 명확하게 이해되는 간결한 기안서로 보고했다면 후새는 영상 프레젠테이션을 했던 것이다. 압살롬은 결국 눈에 확 들어오는 '비디오'로 설득한 후새의 제안을 채택했다. 설득에 성공한 후새의 제안을 받은 압살롬은 결국 파멸했고, 아히도벨은 실망해서 낙향해 자살로 인생을 마쳤다.

압살롬이 더 나은 아히도벨의 전략 대신 후새의 전략을 채택한 것에는 하나님의 섭리가 담겨 있다. 그런데 한편으로는 설득의 교훈을 얻을 수 있다. 효과적으로 설득하기 위해서는 자신의 입장에서 생각하면 안 된다. 상대방을 이해시키려고 노력하면 효과적인 설득에 더욱 가까이 다가갈 수 있다. 물론 합리적인 이유와 정당한 근거를 가지고 설득해야 한다. 설득하려는 내용이 논리적으로 모순되지 않아야 하고 공정해야 한다. 불공정하고 이율배반적인 내용으로는 아무리 설득하려고 해도 안 된다. 듣는 사람이 피식피식 웃고 말 것이다.

그런데 설득을 할 때 내용보다 더 중요한 것은 태도라고 할 수 있다. 사람의 기분은 하루에도 몇 번씩 달라지기도 한다. 기분을 잘 맞추어주고 심리적으로 상대방에게 호의를 베풀어주면 설득에 효과적이다. 사람 사이의 갈등은 작은 원인으로 시작하는 경우가 많은데, 처음에는 대수롭지 않은 일이었으나 그로 인해 심각한 상황으로 발전할 수도 있다. 친한 사이에서도 이런 일이 자주 생기는 것을 보면 대부분의 사람들은 감정이 예민하다.

직장에서도 이런 일을 자주 겪는다. 함께 일하다 보면 별 것 아닌 일로 갈등을 겪기도 한다. 사람들은 보통 자기가 말하는 내용만큼 말하는 태도에 대해서는 신경을 쓰지 않기 때문이 아닐까 생각한다. 특히 윗사람이 아랫사람이 하는 말을 듣다가 말하는 태도에 기분이 상하면 그 말의 내용을 더 이상 잘 듣지 않는다. 그래서 그 내용을 가지고 트집을 잡곤 한다. 트집을 잡힌 쪽에서는 자신의 말의 내용이 옳은 것을 강조하기 위해 상대방을 반박하면서 더욱 공격적이 된다. 그러다 보면 말하는 태도가 더 나빠지게 되고, 결국 두 사람 간의 갈등이 점점 심화되는 것이다. 설득에는 태도가 이렇게 중요하다.

우리는 사람들의 이야기를 듣는 경청을 한 후에 이해시켜야 한다. 설득하기 위해 노력해야 한다. 쉽게 포기해버리지 말고 설득하려는 적극적인 자세를 가져야 한다. 효과적으로 설득하기 위해서는 상대방을 연구하는 노력이 필요하다. 자기 입장만 전달하는 가두연설을 하지 말고 이유와 근거를 제시하는 설득력을 갖추어야 한다. 내용보다 오히려 태도가 더 중요하다 생각하고 노력하면 설득의 묘미를 맛볼 수 있다.

매튜 선생님에게 설득의 코칭을 배우라

전에 코칭 리더십 세미나에 참석한 적이 있다. 교재를 가지고 공부하다 보니 코칭의 관점으로 볼 수 있는 영화가 한 편 소개되었는데 바로 〈코러스〉(Les Choristes, 크리스토프 바라티에 감독, 2004)였다. 전에 봤던 영화인데, 코칭의 관점으로 생각해보니 더 설득력이 있었다. 하루 코스의 속성 세미나였지만 코칭의 핵심은 이해할 수 있었다. "정성을 다해 듣고 질문하면서 코칭을 받는 사람이 스스로 인생을 열어가도록 도우는 것." 코칭의 개념을 한마디로 줄이라면 바로 '설득'이라 말하고 싶다. 이런 일을 하는 사람이 코치이고, 이러한 코칭의 개념이 직장생활에서도 꼭 필요함을 느낄 수 있었다.

2004년에 프랑스에서 개봉 당시 900만 명이 넘게 보았다는 영화 〈코러스〉는 프랑스 소설과 비슷하게 잔잔하고 클라이맥스도 없지만 감동과 기쁨을 준다. 유명한 교향악단의 지휘자로 활동하는 모항주에게 어머니의 임종 소식이 전해져 장례식을 하는 장면으로 영화가 시작된다. 어머니의 집에 모항주의 옛 친구 페피노가 찾아온다. 페피노는 50여 년 전 그들이 만났던 클레몽 매튜 선생님의 오래된 일기장을 가지고 왔다. 돌아가신 선생님이 그것을 모항주에게 전해주라고 했다는 것이다. 그들은 그 선생님의 일기장에서 오랜 추억을 꺼내는데, 그 회상이 이 영화의 흐름이다.

2차 대전이 끝난 후 힘든 시절 프랑스의 한 시골 마을에서 이야기가 시작되었다. "1949년 1월 15일, 여러 직장을 전전한 끝에 결국은 막다른 곳까지 오게 됐다. 어려운 학생들을 위한 기숙학교. '연못바닥'이란 이름이 내 처지와 너무도 잘 맞는다." 작은 기숙학교에 임시교사로 부임한 매튜는 작곡가가 되려는 꿈을 포기하고 마지막 희망으로 교사의 길을 택한 것이다. 그곳에서 자신과 닮은 참담한 교육현실을 접한다.

가난한 가정의 아이들이나 전쟁고아들이 많은 기숙학교의 현실이 그랬다. 꼬마 페피노는 아빠가 돌아가신 것도 모르고 토요일마다 아빠가 올 것이라면서 교문 밖에 나가 기다리는 전쟁 고 아이다. 모항주는 역시 아빠가 없어 엄마의 관심을 끌려고 말썽 부리기를 멈추지 않는다. 그리고 한 아이는 학교에서 일하는 늙은 관리인이 다니는 출입문에 부비트랩을 설치해 큰 부상을 입힌다. 말썽꾸러기들이다. 영 다루기 힘든 문제아 몽당도 당국의 청소년 선도 정책에 따라 기숙학교로 보내졌고, 실험적으로 돌봐야 했다. 이런 거친 아이들에 대해 교장은 설득보다는 '액션-리액션'이라는 처벌 원칙으로 엄하게 단속하며 규칙으로 강압했다. 매튜 선생님은 그런 교장의 비인간적인 교육정책도 설득해야 했다.

그 학교 아이들의 현실은 2차 대전 후의 피폐한 프랑스 사회의 현실을 잘 보여주는 것이었지만 매튜 선생님은 그 와중에 한 가지 희망을 발견했다. 부임 첫 날 아이들을 파악하기 위해 아이들에게 질문지를 돌렸던 것이다. 어떤 선생님도 하지 않던 방법을 사용한 것인데, 아이들에게 장차 무엇이 되고 싶은지 적어보라고 했다. 그러자 전혀 관심 없을 것 같던 아이들이 반응을 하기 시작했다. 교장의 '액션-리액션'과는 사뭇 다른 반응이었다.

코칭의 핵심은 질문인데 질문을 통해 코칭을 받는 사람이 자신을 돌아보고 반응을 하게 되는 것이 매력이다. 바로 그런 일이 일어났다. 자신의 미래에 대해서는 전혀 관심 없을 것 같던 아이들이 자신들의 미래에 대해서 적극적인 반응을 했다. 소방

관이 되고 싶다고 적은 아이가 두 명 있었다. 카우보이가 세 명, 전투기 조종사와 스파이도 두 명씩 있었다. 나폴레옹 휘하 장군이 되겠다거나 애드벌룬 조종을 하겠다는 뜬금없는 아이들도 있었다. 군인이 되겠다는 아이도 세 명이나 되었다. 예상은 했지만 교사가 되겠다는 아이는 하나도 없었다. 하지만 나름대로 꿈을 가지고 있는 아이들을 보고 매튜 선생님은 칠흑 같은 어둠 속에서도 반짝이는 희망을 발견했다.

매튜 선생님을 놀라게 하는 사건이 또 일어났다. 아이들이 노래를 한 것이다. "대머리 선생, 넌 끝났어. 아무도 네 말은 안 들어"라는 가사였다. 하지만 매튜 선생님은 자신을 흉보는 것보다 아이들이 노래를 했다는 사실에 흥분하며 희망을 보았다. 그래서 가방 속에 처박아두었던 악보를 꺼냈다. 미완성의 악보들을 보면서 매튜는 희망을 발견한다. "아이들과 뭘 할 수 있을까? 절대로 다시는 음악을 하지 않겠다고 맹세했지만 설대로 못할 것은 없다. 뭐든지 시도할 가치는 있지 않은가?" 상처받은 자신의 마음을 다독이면서 매튜는 아이들에게 노래를 가르치기로 결심한다. 전쟁으로 인해 황폐할 대로 황폐해진 아이들의 마음을 치유할 합창 연습이 그렇게 시작되었다.

아이들을 모아 오디션을 하면서 파트를 나누고 합창단을 구성하려고 준비하는 매튜는 바로 그 아이들에게서 미래의 가능성을 발견한다. 아버지를 기다리는 꼬마 페피노는 할 줄 아는 노래가 없다고 하자 '지휘자 보조'로 임명하여 연습할 때도 옆에 앉혀주었다. 이렇게 일일이 아이들을 배려하고 격려하면서 합창의 세계로 이끌었다. 그 기숙학교의 참담한 상황을 변화시킬 모티브를 매튜 선생님은 노래에서 찾았다.

그는 뛰어난 재능을 가진 모항주가 좋은 음악학교에 가야 한다고 하면서 아들의 미래에 대해서는 별로 관심도 없는 어머니를 설득했다. 진정한 희망은 꿈을 가지고 재능을 살리는 진지한 자세로 인해 꽃핀다는 사실을 매튜는 잘 알고 있었던 것이다. 매튜는 아이들의 재능을 살려주고 자신감을 심어주려고 했다. 최선을 다했지만 어려움도 있었다. 그 기숙학교에는 군집본능의 도착 증상을 보이는 문제아인데, 실험 대상으로 보내진 몽당이라는 이름의 아이가 있었다. 매튜는 몽당에게도 최선을 다해 격려하고 세워주려고 한다. "이 일은 우리만 알고 있자"고 둘 만의 비밀을 유지하면서 친밀감을 유지하려 하고, 교장의 강압적인 교육과는 다른 희망을 불어넣어주었다.

물론 그룹 구성원들을 향한 이런 관심과 노력이 언제나 성공하는 것은 아니다. 코칭 리더십 세미나를 들으면서 인상적이었던 것은 코칭이 만능이라고 생각하지 말고 사람들을 설득하는 한 가지 방법으로 생각하라는 것이었다. 보통 어떤 세미나를 들으면 그 세미나의 내용이 거의 만능이고 유일한 방법이라고 주장하곤 하는데, 이 코칭 세미나를 진행하는 강사는 참 겸손했다. 특히 코칭을 시도하다가 잘 안 될 때는 과감하게 중단하고 그만 두어야 한다는 말이 인상적이었다.

매튜 선생님에게도 실패의 아픔이 있었다. 학교 운영비 20만 프랑이 없어지는 사고가 생기자 그 돈을 훔쳤다는 혐의로 몽당이 경찰에 잡혀갔다. 사실은 그가 범인이 아니었다. 경찰서에서 풀려난 몽당은 홧김에 학교 기숙사에 불을 질렀다. 마침 매튜 선생님이 아이들을 야외로 데리고 나가서 인명 피해는 없었지만 건물의 일부는 불타버리고 말았다. 결국 그 문제아를 감싸고 학교를 제대로 지키지 못했다는 이유로 매튜 선생님은 해고되었다. 교장은 아이들과 매튜가 마지막 이별도 하지 못하게 하고 당장 저녁 버스로 떠나라고 호통을 쳤다. 매튜 선생님에게도 한계가 있었다. 몽당마저 품에 안는 일은 불가항력이었고, 인사권을 가진 상사가 해고라고 외치는 한계 상황에서는 더 이상 무엇을 해볼 수 있는 방법이 없었다.

그러나 매튜 선생님은 그 상황에서도 끝까지 노력하는 자세를 보였다. 교장의 해고에 맞서 아이들을 데려간 책임을 함께 지겠다는 관리인에게 남아서 아이들을 돌봐달라고 부탁했다. 이것이 진정한 코치의 자세이다. 공동체의 미래를 생각하면서 사람들을 설득하는 모습이다.

영화의 마지막 장면은 감동적이다. 교장의 강압으로 매튜 선생님을 배웅하지도 못하는 아이들이 교실 문을 잠가놓고 노래를 불렀다. 그리고 종이비행기에 이별의 메시지를 적어 창밖으로 선생님에게 날렸다. 매튜는 그것을 펴서 읽었다. 그리고 누가 날린 것인지 다 알았다. "정자로 글을 쓴 것은 보니파스의 것, 엉성한 글씨는 페피노의 것, 악보를 그린 것은 모항주의 것…." 아이들이 창밖으로 흔드는 이별의 손들을 보면서 "그 행복의 느낌과 희망을 세상에 소리치고 싶었노라"고 매튜 선생님은 일기에 적었다.

떠나는 선생님이 버스를 타려할 때 꼬마 페피노가 달려오면서 "저도 데려가 주세요"라고 외친다. 그때 안타깝게 그냥 버스에 올라 떠날 수밖에 없었던 매튜 선생님은 떠나던 버스를 세우고 다시 내렸다. 그리고 어린 페피노를 데리고 갔다. 그런데 매튜 선생이 해고되어 떠난 그날은 페피노가 늘 돌아오지 않는 아빠를 기다리던 토요일이었다. 매튜 선생님이 자식처럼 여기던 아이들 중 가장 어린 페피노의 아빠가 되어준 것이다.

그리고 이후에도 계속 매튜는 무명 교사로 학교에서 아이들에게 음악을 가르쳤다. 여전히 꿈 많은 아이들에게 용기와 힘을 심어주었다. 코치로서 그렇게 한 것이다. "내 음악은 묻힐 것이다. 실패한 작곡가, 해직교사의 음악은"이라고 적었고, 그것이 마지막이었다. 하지만 매튜 선생님은 결코 유명해지려고 하지 않고 계속 아이들에게 음악을 가르쳤다. 코치는 결코 자기 이름이 빛나는 사람이 아니다. 자신이 코치하는 소그룹 구성원들의 잠재력과 가능성과 희망을 깨워주고 그들이 성숙해가는 것을 보고 기뻐하는 사람이다.

우리는 직장이라는 조직 사회 속에서 살아간다. 이해와 설득이 필요하다. 클레몽 매튜 선생님은 자신의 상처도 함께 치유하면서 자신이 가지고 있는 능력과 열정을 발휘해 아이들에게 희망과 미래를 심어주었다. 진흙투성이인 연못바닥에서 아름다운 꽃이 만개하는 놀라운 일이 일어났다. 이해하고 설득하려는 한 사람의 노력이 변화를 가져왔고 사람들에게 큰 기쁨을 주었다. 아버지 같은 마음으로 사람들을 설득하고 이끌어가는 코칭을 통해 놀라운 역동이 일어났던 것이다. 우리 일터에서도 이런 멋진 설득의 리더십이 발휘되면 사람들에게 큰 유익을 주는 멋진 일이 일어날 수 있다. 공감을 통해 이끌어낸 리더십은 훌륭한 팀워크로 열매 맺을 것이다.

09 _ 관계(relationship) 리더십

갈등의 해결을 위한 노력

크리스천들은 직장생활을 하면서 어떤 문제를 어려워할까? 월간 〈일하는 제자들〉에서 실시한 설문조사를 보니 크리스천 직장인들이 겪는 어려움 중 가장 심각한 것은 인간관계(92%)였다. 그리고 업무 능력(34%), 거래처 관리(19.8%), 승진(17.4%) 등이었다(복수응답). 그러니까 열 명 중 아홉 명의 크리스천 직장인들은 일터에서 인간관계 문제로 고민한다는 것이다. 예상도 했고 충분히 공감도 된다.

우리 크리스천들도 성격, 문화, 습관, 성별 등 개인적 갈등 요인이 있고, 독특한 일터 문화의 특징으로 인해서도 갈등을 겪는

다. 일터 문화의 특징이라면 성과 중심적, 경쟁적, 수직적, 계급주의적, 집단주의적 문화라고 할 수 있는데, 이런 문화적 특징이 인간관계에 어려움을 가져다준다. 아울러 크리스천만의 신앙적인 정체성 때문에 갈등을 겪기도 한다. 크리스천이기에 음주 문화, 미신 문화, 불건전한 오락, 주일성수 문제나 비윤리적인 관행과 불법 행위 등에서 다른 직장인들보다 더 심한 어려움을 겪을 수 있다.

이런 인간관계의 갈등과 고민이 있을 때 어떻게 해결하는지 조사한 한 설문조사를 보니 평소 사이가 좋지 않은 사람에 대해서 함께 술을 마시며 관계 개선을 모색한다는 응답이 40%였다. 일을 도와준다는 응답이 17%, 오며 가며 웃어준다는 멋쩍은 응답도 13%였고, 전혀 신경 안 쓴다는 응답도 24%나 되었다. 관계 문제는 이렇게 쉽지 않다. 특히 우리 크리스천들은 술을 마시며 갈등을 풀어내기도 힘드니 더욱 어렵다. 일터에서 갈등을 해소하는 피스메이커의 역할을 해야 하기에 우리만의 갈등 해결방법이 있어야 한다. 과연 우리는 어떻게 관계 문제를 통해 화해자와 중보자의 역할을 하고 리더십을 발휘할 수 있을지 다윗을 통해 살펴보자.

아비가일을 통해 크리스천답게 화내라

사람에 따라 차이가 있긴 하지만 화를 내지 않는 사람은 없다. 화를 내지 않는 것이 언제나 바람직한 것도 아니다. 그저 속으로만 화를 삭이는 사람은 분노를 표출할 데가 없어서 병이 나기도 한다. 국제적 의학 자료에도 한글 발음으로 올라 있다는 한국인의 독특한 병이 있다. 바로 '화병'(Hwabyung)이다. 1996년에 미국 정신과협회에서 이 화병을 한국인에게만 나타나는 특이한 정신질환의 일종으로 공인했다. 비단 화병만이 아니라 종류도 많은 각종 심인성 질환은 화를 내는 것이 건강에도 얼마나 심각한 영향을 주는지 보여준다.

과연 화를 억제하면 인간관계에 문제가 없는 것일까? 화를 제대로 내지 않아 주변 사람들을 답답하게 할 수도 있다. 함께 생활하다 보면 그 사람이 어떤 일로 자주 화를 내는지 알아야 주변 사람들이 그 부분을 조심할 것이고, 그 사람의 내면에 대해 알아갈 수 있다. 그런데 화를 참으면 그런 기회를 잃는 것이다. 또한 일터에서 화를 잘 내지 않고 이른 바 무골호인인 사람들이 언제나 일을 잘하는 것도 아닌 것 같고, 인간관계가 언제나 원만한 것도 아닌 듯하다. 이렇게 화를 내도 문제이고 내지 않아도 문제인 것이니 이 문제가 얼마나 어려운 것인지 잘 알 수 있다. 망명생활을 하면서 팀원들의 생계를 위해 고민하던 팀장 다윗에게 '화를 잘 내는 방법'을 배워보자.

사울 왕의 핍박을 피해 망명생활을 하던 다윗이 주변 사람들과 사이가 좋지 않았던 때가 그리 많지는 않았다. 그런데 한 사람과는 매우 힘든 관계였던 적이 있다. 마온 지방에 머물 때 나발이라는 이름을 가진 한 부자의 목장 근처에서 지냈다. 이웃하여 지내다 보니 다윗의 사람들이 나발 집안의 종들이 어려움을 겪을 때 도움을 주었다. 가축들의 약탈을 막아주는 방패막이가 되어주었다.

나발의 집에서 양털을 깎는 날이었다. 양을 3천 마리나 가지고 있었으니 큰 잔치를 벌인 날이었다. 그때 다윗은 사람들을 보내어 나발의 집에서 음식을 좀 얻어 오라고 했다. 다윗은 그 부자의 양들과 염소들을 돌봐주었으니 잔치하는 좋은 날에 음식을 달라는 부탁을 할 수 있다고 생각했을 것이다. 그러나 나발은 다윗이 보낸 사람들을 박대했다. 다윗이 도대체 어떤 놈이냐고 잡아떼면서 오히려 다윗이 데리고 있는 사람들이 주인에게서 도망간 종들이 아니냐고 모욕을 주기도 했다(삼상 25:2-11).

이런 보고를 들은 다윗의 분노는 어쩌면 당연했다. 다윗은 경우에 합당하지 못한 일을 겪었을 뿐만 아니라 모욕을 받았다고 생각했다. 그래서 부하들을 무장시켜 나발의 집으로 쳐들어갔다. 600명의 무리 중 400명의 무장 장정들을 데리고 갔으니 그의 말대로 나발 집안의 남자들이 몰살당할 상황이었다.

인생을 살다 보면 화가 나는 일이 자주 생긴다. 특히 일터에서 부당한 대우를 받거나 제대로 인정받지 못하면 화가 난다. 참을 수 없는 경우도 있다. 윗사람으로부터 불합리하고 부당한 업무 지시를 받거나 거래처 사람들에게나 고객들에게 인격적인 모멸감과 수모를 당할 때 화가 나기 마련이다. 아랫사람이 화나게 할 수도 있다. 일터에서만 화가 나는 것이 아니라 가정에서나 교회, 사람들이 모인 곳에서는 어디서나 화가 나는 상황이 생긴다. 화는 혼자 있어도 자주 나지 않던가? 이렇게 화가 나는 때가 많은데, 과연 우리는 우리의 분노에 대해 어떻게 대응해야 할까?

화가 날 때는 표현 방법이 무례하거나 몰상식하지 않다면 화를 표현하는 것이 좋다. 사실 하나님도 자주 분노하셨다. 구약성경에 '분노'라는 단어가 450회 정도 나오는데, 그중 83%인 375회가 하나님이 화내신 것이다. 분노하시는 하나님에 대해서 "하나님은 의로우신 재판장이심이여 매일 분노하시는 하나님이시로다"(시 7:11)라고 표현하기도 한다. 신약성경에서도 예수님은 여러 차례 분노하셨다. 바리새인들을 향해 분노하면서 저주하셨고(마 23:13,15), "독사의 자식들"(마 12:34)이라고 하셨으며, 성전에서 장사하는 사람들을 채찍으로 쫓아내면서 물품들을 팽개치기도 하셨다(요 2:13-17).

물론 이런 의분(義憤)은 괴팍한 분노와는 차이가 있다. 다윗을 예로 들어 본다면 분명하다. 다윗이 골리앗을 만났을 때 그가 하나님을 욕하고 이스라엘을 비난하는 것을 듣고 분노했던 적이 있다(삼상 17:26). 그것은 틀림없이 의분이었다. 그러나 나중에 다윗이 투항해 온 사울 왕의 군대장관 아브넬을 요압이 암살했을 때는 한껏 악한 감정을 섞어 실컷 욕을 해댔는데, 이것은 의분만은 아니었다(삼하 3:30). 그러면 나발의 무례함에 대한 다윗의 분노는 의분인가, 괴팍한 분노인가? 아무래도 의분이라고 할 수는 없다. 자기에게 호의적이지 못하고 모욕을 좀 주는 사람이라고 하여 칼을 차고 가서 죽인다면 세상은 무법천지가 될 것이 아닌가?

만약 다윗이 화가 잔뜩 난 그 상태로 나발의 집으로 몰려가 그 집안사람들을 다 죽였다면 나중에 하나님에게 큰 책망을 들었을 것이다. 주변에 있던 사람들도 다윗 왕의 잔인함과 경솔함을 크게 문제 삼았을 것이다. 이전에 다윗이 지명수배를 받았던 시절에 사울 왕이 다윗을 고발하지 않고 음식과 칼을 제공했다고 아히멜렉 제사장 집안의 사람들 85명을 몰살시킨 적이 있는데(삼상 22:18-19), 그 만행과 별로 다르지 않았을 것이다.

일하는 현장에서도 우리는 수시로 화가 난다. 화내는 사람들을 자주 보기도 한다. 따지고 보면 의분도 아니고 세계평화를 위한 거룩한 분노도 아닌데 화가 머리꼭대기까지 나면 눈에 보이는 게 없는 것이 문제이다. 그저 화가 나는 대로 한바탕 몰아치고 나면 화가 채 가라앉기도 전에 후회를 하곤 한다. 보통 사람들의 안타까운 모습이다. 이렇게 화가 났을 때 우리에게 필요한 것이 있다. 그것이 바로 '아비가일'이다.

다윗이 머리끝까지 화가 나서 나발 집안으로 가고 있을 때 나발의 아내인 아비가일이 종들에게 자초지종을 듣고는 신속하게 상황 판단을 했다. 아비가일은 급히 떡 200덩어리와 포도주 두 가죽 부대와 양 다섯 마리, 볶은 곡식, 건포도, 무화과 등 다윗 일행이 우선 먹을 만한 양의 음식을 준비하여 다윗을 맞으러 험한 협곡까지 내려왔다. 다윗을 만난 아비가일은 엎드려 얼굴을 땅에 대고 자기 남편의 무례를 용서해 달라면서 다윗의 화를 누그러뜨렸다.

남편의 어리석음과 무례에 대해 용서를 구하면서 아비가일은 다윗에게 이렇게 말했다. "이제 곧 주님께서 장군께 약속하신 대로 온갖 좋은 일을 모두 베푸셔서 장군님을 이스라엘의 영도자로 세워주실 터인데 지금 공연히 사람을 죽이신다든지 몸소 원수를 갚으신다든지 하여 왕이 되실 때에 후회하시거나 마음에 걸리는 일이 없도록 하시기 바랍니다. 주님께서 그처럼 좋은 일을 장군께 베풀어 주시는 날 이 종을 기억해주시기 바랍니다"(삼상 25:30-31, 새번역).

이렇게까지 다윗을 추켜세우며 용서를 구하는 아비가일을 보고 다윗은 나발에 대한 분노를 삭일 수 있었다. 오늘 화를 자주 내는 우리에게도 다윗이 만났던 '아비가일'이 꼭 필요하다. 우리의 '아비가일'은 가족이나 친구들일 수도 있고 동료직원일 수도 있다. 사람이 아닐 수도 있다. 하나님의 말씀에 대한 기억일 수도 있고, 이전에 화가 나서 저지른 행동 때문에 낭패를 보았던 기억이 아비가일의 역할을 할 수도 있다. 어떤 것이든 화를 억제하여 파괴적인 죄악으로 치닫는 죄의 욕구를 막을 수 있는 아비가일을 가지고 있어야 한다. 때로 아비가일은 화를 누그러뜨릴 만한 장소일 수도 있다.

한 건설회사에서 일하는 여성 직원이 겪은 일을 월간 〈일하는 제자들〉에 소개했다. 회사에 입사하여 한 부서에 발령을 받았는데 그에게 일을 가르쳐주는 사수는 이른 바 '왕 깔끔이, 만물박사, 걸어 다니는 사전'으로 불리는 직원이었다. 일은 잘하는지 몰라도 여직원을 부를 때는 "너, 아무개" "야, 너" 이렇게 부르곤 했다. 6월의 어느 더운 날 늦은 오후에 갑자기 그 사수가 오더니 "야, OOO, 너, 이따위로 밖에 못해?"라는 말로 시작해 상사들이 뒷줄에 앉아 있는데 계속해서 큰소리로 야단을 치는 것이었다. 화를 참고 있던 이 직원이 그 순간 정신이 핑 돌았다. 서류뭉치를 잔뜩 집어 들더니 그의 사수가 있는 쪽을 향해 힘껏 팽개쳤다. 서류뭉치가 '퍼덕' 하면서 바닥에 떨어지니까 정신이 번쩍 들었다고 한다. 왜 그랬는지도 모르겠고 이후의 일을 감당할 수도 없었다.

이 직원은 본능적으로 사무실 문을 열고 뛰쳐나갔다. 손잡이를 잡으니까 그 찬 느낌이 느껴졌다고 한다. 평소에 괴롭고 울고 싶으면 달려가던 화장실로 갔다. 화장실에 앉아서 30분가량을 생각하고 울고 회개하며 기도했다. "하나님, 제가 또 사고를 쳤습니다. 이제 제가 어떻게 해야 할지 좀 알려주세요." 그 직원에게는 화장실이 바로 아비가일이었다. 그렇게 사고를 쳤으니 선택을 해야만 했다.

상상이 되는가? 입사 6개월밖에 안 된 신입사원이 사무실에서 그런 무례한 행동을 했으니 어디로 갈 것인지 고민이 되었다. 집으로 갈 것인가, 아니면 사무실로 다시 들어갈 것인가? 그 직원은 하나님에게 기도하면서 용기를 얻었다. 그리고 문을 열고 사무실로 들어갔다. 넓은 사무실이었는데 그가 들어서자 수십 명의 눈이 일제히 자기에게 박혔다고 한다. 그 넓은 사무실 안이 쥐 죽은 듯이 조용해졌다.

그 직원은 곧바로 자기 선배에게 걸어갔다. 그러자 그가 오히려 긴장을 했다. 뭐라고 먼저 그가 말하기 전에 그 직원은 허리를 깊이 숙여 인사하면서 이렇게 말했다고 한다. "제가 잘못했습니다. 용서해주십시오." 또박또박 말했다. 잘 못 들었다고 해서 한 번 더 말하면 창피하니까 힘주어서 천천히 말했다. 그때 정말 진심으로 용서를 구하는 마음이 있었다고 한다. 선배와 그 직원이 짧은 시간 눈이 마주쳤다. 어색하고 고약하고 창피한 상황이었다고 그 직원은 회고하는데 그 선배도 어이가 없다는 듯 피식 웃었다고 한다. 그리곤 그 직원은 자기 자리로 돌아와서 퇴근시간까지 꼼짝 않고 죽은 듯이 앉아 있었다는 것이다.

5~6년이 지난 뒤 크리스마스 무렵에 생각이 나 그 선배에게 카드를 보내면서 그때 그 이야기를 다시 하며 정중하게 다시 사과를 했다고 한다. 며칠 뒤에 전화를 했더니 그 선배가 이렇게 말했다. "뭘 그걸 가지고 그래? 하긴 이제 김 대리도 철 들었나 봐!" 그러면서 함께 옛날이야기를 하면서 웃었다고 한다.

일터에서 화 내지 않고 지낼 수 있다면 좋겠지만 화를 내어 자신의 감정을 표현하더라도 반드시 '아비가일'을 가지고 있어야 한다. 또한 서로 아비가일이 되어주어야 한다. 윗사람이 화가 나서 이른 바 뚜껑이 열렸을 때 눈치 빠르게 상황판단을 잘 하면서 윗사람의 화를 누그러뜨리고 다독거려 줄 수 있는 아랫사람은 멋진 아비가일이다. 아랫사람이 화가 나 이성을 잃었을 때 버릇없다거나 건방지다고 마음으로 팽개쳐버리지 않고 상황을 잘 조정해 줄 수 있는 윗사람은 훌륭한 아비가일이다. 우리의 일터 현장에 이런 아비가일이 있다면 화를 낼 일이 있고 화가 나더라도 얼마나 멋지게 상황을 마무리할 수 있겠는가! 우리는 서로에게 아비가일이 되어주어야 한다.

아비가일이 다윗에게 말한 대로 하나님께서 다윗이 직접 복수하는 일을 막아주셨다. 복수에 관한 시리즈 영화를 만든 박찬욱 감독이 자신의 영화의 제목을 따왔다는 성경말씀이 있다. 하나님이 직접 말씀하셨다. "내가 보복하리라"(신 32:35). 우리가 악에 대해 악으로 갚는 것은 성경의 원리가 아니다. 하나님이 하신다. 그러니 화가 나도 물리적인 방법으로 복수하려는 마음은 참아야 한다. 혹시 화를 내더라도 분노를 잘 처리하는 방법을 익혀야 한다. 그럴 때 좋은 일이 생긴다.

다윗은 화가 났지만 하나님에게 맡기고 복수하는 손을 거두었더니 좋은 일이 생겼다. 얼마 뒤에 나발이 갑자기 죽었고 그의 아내였던 아비가일을 다윗이 아내로 맞게 된 것이다. 나발의 상속 재산마저 얻었을 것이다. 양 3천 마리에 염소 1천 마리를 가졌던 부자였는데…. 화가 머리끝까지 났지만 잠시 참았더니 이런 좋은 일이 생겼다. 우리도 분노를 적절하게 해결하면 이런 좋은 일이 생길 수 있을 것이다. 물론 그렇다고 우리에게도 아내가 한 사람씩 더 생기거나 막대한 유산이 굴러들어오지는 않을 것이지만!

아람 나라의 군대 장관이었던 나아만 장군에게도 아비가일이 있었다. 나아만 장군은 이스라엘에서 포로로 잡아온 소녀의 제안으로 엘리사 선지자를 찾아갔다. 그러나 요단강에 가서 일곱 번 목욕하면 병을 고칠 수 있다는 말을 전해 듣고 크게 화를 내며 돌아가려고 했다. 이때 막아선 사람들이 있다. 그들은 이렇게 말했다. "아버지여 목욕 못할 이유가 뭡니까? 하기 힘든 일을 시켜도 다 하겠다 결심하고 위험한 적국으로 오는 일을 자초했는데 이런 쉬운 일을 왜 못합니까? 한 번 해보시죠"(왕하 5:13 참조). 윗사람을 향한 사랑과 존경이 없었으면 이런 제안이 불가능했을 것이다. 더구나 몸이 아픈 윗사람이 화가 나서 제대로 판단하지 못할 때 그 윗사람의 아픈 마음과 몸을 감싸 안으면서 "내 아버지여!"라고 호칭했던 부하늘의 존경심은 정말 대단하다고밖에 말하지 않을 수 없다. 평소에도 부하들이 나아만 장군을 '아버지'라고 불렀겠는가? 윗사람을 향한 그들의 존경과 사랑을 잘 보여준다. 이 사랑으로 인해 이방나라의 군대장관의 나병을 고치는 하나님의 놀라운 이적이 더욱 돋보였다. 나아만 장군에게는 아랫사람들이 바로 아비가일이었다.

분노를 처리하는 구체적인 방법을 바울이 소개하는 것에 주목해보자. "분을 내어도 죄를 짓지 말며 해가 지도록 분을 품지 말고 마귀에게 틈을 주지 말라"(엡 4:26-27). 거듭 말하는 대로 화를 내는 것이 죄는 아니다. 화를 내야 하는 상황에서 내지 않으면 오히려 무관심의 잘못을 저지를 수도 있으니 화를 내더라도 죄를 짓지 말아야 한다. 그렇게 되기 위해서는 적절한 '아비가일'을 두어야 한다. 그래서 우리의 분노를 통하여 사탄이 유혹하지 못하도록 해야 한다. 근본적으로 우리는 우리의 큰 죄를 용서하신 예수 그리스도로 인해 화를 내도 잘 내는 사람이 될 수 있다. 그래야 화를 낼 때도 크리스천다움을 보여줄 수 있다.

윗사람과 갈등을 해결하기 위해 노력하라

일터에서 직장인들이 겪는 어려움은 크게 두 가지인 것을 알 수 있다. 하나는 업무 능력에 관한 문제이고, 또 하나는 인간관계의 어려움이다. 특히 인간관계는 대부분의 직장인들이 가지고 있는 고민거리이다. 소통의 경로가 많아진다고 의사소통이 원활해지는 것도 아니다. 요즘 SNS의 발달과 인터넷의 확대로 얼마나 자주 많은 사람들과 접촉하며 일하고 살아가는가? 그런데 그것이 깊은 인간관계를 보장해주지는 못한다. 시간이 흘러갈수록 인간관계의 문제는 직장 사회에서 사람들을 힘들게 하는 요인이 되고 있다.

다윗이 골리앗을 무찔러 이기면서 일을 시작한 후에 가장 크게 고민한 것은 상사인 사울 왕과 껄끄럽고 힘든 관계를 가질 수밖에 없는 현실이었다. 직장인들이 겪는 관계 문제의 많은 부분은 바로 윗사람과의 관계인 것을 직장인들과 대화를 해보면 알 수 있다. 만나는 일이 잦아져 친해지면 꺼내놓는 고민들 중 절반 이상은 상사와 겪는 갈등이다. 왜 그럴까 생각해보니 윗사람들은 보통 사람 중심이라기보다는 일 중심 스타일인 경우가 많기 때문일 것이다. 그래서 윗사람들은 업무와 성과에 집착하게 되어 아랫사람들과 자연스럽게 갈등 요인들을 만들어낼 것이다.

이런 인간관계의 문제는 사람들이 모인 곳이라면 어떤 곳이라도 예외 없이 생긴다. 하루 중 가장 많은 시간을 보내는 직장뿐만 아니라 교회나 가정 등 사람들이 모인 곳에서는 비일비재하게 생긴다. 그런데 특히 일터에서 이런 관계의 위기가 찾아왔을 때 어떻게 대처해야 하는지 다윗이 경험한 일들을 통해 확인해보자. 먼저 아랫사람의 입장에서 윗사람을 어떻게 대해야 하는지 살펴보자.

다윗의 상사였던 사울 왕은 '신입사원' 다윗을 무척 사랑하고 신임했다. 그래서 다윗을 측근에서 보좌하는 "무기를 드는 자"(삼상 16:21)로 삼았다. 사랑을 받은 다윗은 나라가 풍전등화의 위기에 처하자 큰 공을 세워 사울 왕의 기대에 부응했다. 사울 왕은 다윗을 고속 승진시켜 군대의 최고 지휘관으로 삼았다(삼상 18:5). 이 파격적 인사 조치에 대해 불만을 갖는 사람은 없었다.

그런데 사소한 일을 가지고 태도를 돌변한 사울 왕은 다윗을 원수 대하듯 하게 되었다. 승전을 기념하는 퍼레이드에서 군중들이 다윗을 사울 왕보다 더 전공을 세운 자라고 노래를 지어 부르는 일이 있었다. 이 일로 사울 왕은 다윗이 군중들의 지지를 업고 모반이라도 할까봐 경계하게 되었다. 또한 다윗에게 하나님이 함께하시는 것을 사울은 분명히 알았고(삼상 18:12, 28), 맡기는 일마다 잘 처리해내는 다윗의 모습을 보면서 두려움을 느꼈다. 심지어 사울은 자기 딸과 결혼시킨다는 것을 미끼로 블레셋 사람들의 손으로 다윗을 죽이려고 했다.

그렇다면 이런 상황을 아랫사람인 다윗의 입장에서 생각해보자. 다윗은 사울 왕에게 미움받을 만한 이유가 없었던 것이다. 사울 왕이 악한 영의 지배를 받는 것이나 사울 왕이 시킨 일을 빈틈없이 해내는 것이 왜 다윗의 잘못인가? 오늘날의 일터에서도 아랫사람으로서 전혀 잘못한 일이 없는 상황인데 윗사람이 괜히 트집을 잡아 미워할 수 있다. 일터에서 이런 상황에 처했을 때 어떤 자세를 갖는 것이 좋을지 다윗에게 한 수 배워보자.

상사가 괜히 자신을 미워한다고 해서 도망갈 궁리만 해서는 안 된다. 우선 최대한 상사의 의중이 무엇인지 알기 위해 노력해야 한다. 다윗은 심지어 자기를 죽이려고 하는 사울 왕의 적극적인 박해를 피해 도망 다니면서도 쉽게 사울 왕의 곁을 떠나지 않았다. 사울 왕이 때때로 악령에 붙들려서 그런 짓을 한다는 것을 다윗도 알았다. 비록 자기를 몇 번이나 죽이려고 했지만 사울 왕의 본심을 알고 싶어 했다(삼상 20:7).

이것이 아랫사람에게 까다로운 상사라도 존경하고 복종하라는 베드로의 권면에도 부합하는 것이다. 아랫사람으로서 애매히 고난을 받아도 하나님을 생각하면서 슬픔을 참으면 그것은 아름다운 고난이다(벧전 2:18-19). 일터에서 윗사람은 늘 그렇게 어려운 법이다. 아무리 훌륭한 인격을 가진 사람이라도 윗사람은 부담스러운 존재이다. 다윗은 사울 왕이 정말 자기를 죽이려고 하는지 확인하기 위해 사울 왕의 아들이자 자신의 친구인 요나단을 통해 확인했다. 최대한 노력해본 후 관계 회복이 불가능함을 최종적으로 확인하자 다윗은 사울 왕을 떠나기로 결심했다. 다윗의 이런 노력을 배운다면 우리도 직장생활을 하면서 대인관계 문제로 너무 쉽게 이직을 결정하거나 포기하는 것은 바람직하지 않다.

신중하고도 어려운 결정을 하여 다윗이 궁궐을 떠난 후에도 사울 왕은 기회가 있을 때마다 다윗을 죽이려고 군대를 동원했다. 그러나 오히려 다윗은 사울 왕을 죽일 수 있는 결정적인 기회가 두 번이나 있었지만 사울 왕을 죽이지 않았다. 다윗은 하나님이 세우신 권위의 본질을 이해하고 있었기 때문이다. 하나님이 세우신 윗사람을 어떤 이유에서라도 자기가 죽일 수 없다는 확신을 다윗은 가지고 있었다. 이런 생각이 바로 다윗이 가진 훌륭한 신앙 인격이었다. 만약 다윗과 같은 난감한 입장을 경험해본 적이 있다면 결코 다윗처럼 반응하기가 쉽지 않다는 것을 알 수 있다. 당한 만큼 복수하고 싶은 마음이 생긴다. 이런 순간에 우리는 생각할 수 있어야 한다. 다윗이 직접 자신이 윗사람을 '처리'하지 않은 행동에는 어떤 속뜻이 있는가?

다윗은 사울 왕을 죽일 수 없다고 하면서 두 번이나 따르는 사람들의 권유를 물리쳤다. 이것은 두 가지 메시지를 동시에 사람들에게 전하는 것이었다. 다윗이 사울을 죽일 수 없었던 이유는 여호와의 기름부음 받은 자를 자신이 함부로 처벌할 수 없다는 것이었다. 그렇다면 사울 왕에게 전한 메시지가 무엇인가? "왕이여, 나도 하나님의 기름부음을 받은 사람입니다. 당신이 기름부음 받았기에 나는 당신을 죽이지 않는데 당신은 왜 기름부음 받은 나를 죽이려고 하십니까?" 바로 이런 내용의 시위를 한 것이었다. 다윗은 하나님의 보호를 확신했다. 자신이 윗사람인 사울 왕을 대하는 방식으로 하나님이 자신을 보호해주실 것을 믿고 있었다. 이것은 또한 하나님이 자신을 보호해주시기를 하나님에게 요청하는 몸짓이었고, 간절한 기도이기도 했다. 또한 하나님에게 기름부음 받은 자기를 죽이려는 사울 왕에 대한 고발이기도 했다.

다윗이 사울 왕을 죽이지 않은 행동은 하나님의 공의를 굽게 하는 일종의 방조가 아니었다. 다윗은 사울 왕이 정말 잘못을 했다면 그를 왕으로 세운 하나님이 그를 직접 징계하셔서 병들어서 죽거나 전쟁터에서 죽게 하실 것이라고 믿은 것이다(삼상 26:10). 하나님의 뜻은 그렇게 이루어지는 것이지 자신이 직접 살인을 하는 방법은 안 된다고 고백한 것이다. 우리도 일터에서 윗사람에게 어려움을 겪을 때 다윗의 본을 기억해야 한다. 잘못에 대해서는 하나님이 벌하실 것을 믿으면서 우리가 직접 해코지를 하거나 복수를 해서는 안 된다. 법적 처리가 필요한 경우는 공식적인 절차를 밟을 수도 있고, 상사보다 윗사람을 만나서 문제를 해결해야 하겠다는 판단이 들면 그런 방법을 사용하되 신중하게 생각하여 지혜로운 방법으로 해야 할 것이다.

또한 다윗이 기름부음 받은 사울 왕을 죽일 기회가 있었는데도 죽이지 않은 행동에는 다윗의 측근들이 훗날 다윗을 모반하거나 암살할 수 없도록 분명히 못 박은 정치적인 의도도 포함되어 있다. 하나님이나 윗사람 사울 왕에게만 시위한 것이 아니라 아랫사람들에게도 본을 보여주는 행동이었다. 여하튼 여러 가지로 생각해 보더라도 다윗이 사울 왕을 직접 죽이지 않은 것은 정말 잘한 일이었다. 결국 다윗의 행동은 용서를 보여준다. 윗사람과 당장 화해할 수 없었으나 하나님과의 관계에서 용서를 경험한 것이다. 나는 우리 크리스천들이 사람들과 갖는 관계에서 가장 크리스천답게 보여줄 수 있는 미덕이 바로 용서라고 생각한다.

세상에서 살아가면서 우리가 진정한 용서를 체험할 수 있는 'AC 달관 체념법'을 소개한다. AC라고 해서 Advanced Christian, 즉 크리스천답게 앞서가는 수준 높은 갈등 해결의 방법이라고 생각할 것은 없다. 그냥 "에이씨"라고 한 번 내뱉는 것이다. 화가 나서 참지 못할 일이 있으면 "에이씨"라고 푸념해보라. 그런데 이렇게 원망하며 말로 되갚아주는 것이기만 하다면 크리스천답지 못하다. "에이씨"라는 말이 자신의 귀에 들리면 이렇게 생각해보는 것이다. 내가 한 에이씨는 "After Christ", "그리스도를 본받아"의 약자이다. 웬 억지인가 의아하겠지만 농담 속에 들어 있는 진지함을 발견하면 유익하다.

우리는 그리스도를 본받아야 한다. 용서하기 힘들 때, 상대의 얼굴도 쳐다보기 힘들 때 그리스도를 기억해야 한다. 예수님을 본받지 않고는 우리가 용서를 제대로 할 수 있는 힘이 없다. 예수님이 어떻게 하셨기에 그렇게 해야 하는가? 그분은 지상 최대의 억울한 죽음을 당하셨다. 그래도 말없이 수긍하고 희생하셨다. 그 예수님을 본받는 것이다. 그 고통스럽고 치욕스러운 십자가에서 예수님은 여러 말씀을 하셨는데 이런 기도를 하셨다. "아버지 저들을 사하여 주옵소서. 자기들이 하는 것을 알지 못함이니이다"(눅 23:34). 인류의 죄를 용서하기 위해 십자가에 달리신 예수님은 자신에게 모욕과 조롱과 고통을 주고 결국 죽인 그 사람들의 죄도 용서하셨다. 이런 예수님을 우리도 본받는 것이다.

그분 예수 그리스도께서 십자가에서 사람들을 보고 계신다. 십자가 위 예수님의 시각으로 십자가 주변 사람들의 모습을 묘사한 그림이 있다. 제임스 티소(James Tissot, 1836-1902)의 〈우리 구세주가 십자가에서 내려다 본 것은〉이라는 긴 제목의 그림이다. 그 그림을 보면 예수님의 십자가 주변의 사람들은 대부분 방관자들이었다. 그들은 예수님을 죽이는 일에 찬성하고 실행한 자들이었다. 예수님은 십자가에서 그들도 바라보신다. 십자가 바로 밑에는 몇몇 여인들이 고민하며 슬퍼하는 얼굴로 예수님을 올려다보고 있다. 그들은 예수님을 사랑했다. 그런데

〈우리 구세주가 십자가에서 내려다 본 것은〉 제임스 티소의 1886년 作.

예수님이 이렇게 기도하는 소리가 들렸다. "아버지여, 저들을 사하여주옵소서. 자기들이 하는 것을 알지 못함이니이다." 그때 그 여인들이 마음속으로 이런 기도를 드리지 않았을까? "주님, 우린 어떻게 용서받을 수 있지요? 그리고 우린 어떻게 주님처럼 이 사람들을 용서할 수 있나요?"

예수님의 용서를 직접 체험한 사람들은 용서할 수 있다. 받은 사람이 줄 수 있다. 사랑받은 사람이 사랑할 수 있다. 신뢰받은 사람이 신뢰할 수 있다. 하나님에게 사랑받은 사람이 하나님을 사랑하고 나를 사랑할 수 있기에 다른 사람을 사랑할 수 있다. 용서도 마찬가지다. 용서받은 사람이 사람들을 용서할 수 있다. 주기도문에 "우리에게 죄지은 자들을 사하여 준 것같이 우리 죄를 사하여 주시옵고"라는 구절이 바로 그런 뜻이다. 우리가 용서해주어야 하나님이 용서해주신다는 것처럼 들리지만 우리가 죄 용서의 은혜를 받았기에 사람들을 용서해야 한다는 뜻이 기본적으로 깔려 있다. 이 용서를 우리가 직장에서 갈등을 겪는 상하관계에 적용해 볼 수 있어야 한다.

우리는 다윗을 보면서 윗사람을 대하는 자세를 가다듬어야 한다. 자신의 잘못이 없는 데도 윗사람과의 관계가 틀어졌을 때 어떻게 해야 하는가? 우선 인내하면서 관계 개선을 모색해야 한다. 어쩔 수 없는 상황이어서 떠나게 되더라도 하나님의 공의로운 심판을 기다리면서 절대로 자신이 심판자로 나서지는 말아야 한다. 그럴 때에 우리의 일터와 우리가 속한 공동체가 하나님이 세우신 질서에 부합되고 아름다운 모습으로 설 수 있을 것이다.

아랫사람에게 신앙적인 위선을 보이지 마라

다윗은 왕으로 기름부음 받은 후 30세가 되어서야 유다 지파의 왕위에 오르고 7년 반 이후 이스라엘 전체의 왕이 되기까지 파란만장한 삶의 역경을 이겨냈다. 다윗은 수년 동안이나 도피와 은둔으로 이어지는 매우 힘든 망명생활을 이어가야 했다. 그 시절에 다윗을 따르던 초창기 '창업멤버들' 중에는 요압이 있었다. 요압은 다윗의 누이 스루야의 장남이었으니 다윗은 요압의 외숙부였다. 요압은 다윗이 도피생활을 시작하던 때 다윗을 따르던 첫 400명에 포함되었던 사람으로 다윗의 오른팔 격이었고, 주로 군사적인 측면에서 다윗의 무리를 주도하는 사람이었다. 그래서 다윗이 왕위에 오르기 전 뿐만 아니라 왕위에 오른 후에도 다윗이 이룬 군사적 업적의 대부분을 이 요압이 주도했다.

그는 용맹한 장수였다. 싸움터에서 펄펄 나는 타고난 무장(武將)이었다. 이름을 봐도 요압의 용맹함을 상상할 수 있다. "요압!" 단칼에 상대방을 제압하는 기압 소리가 그의 이름 속에 들어 있지 않은가? "요오압!" 하고 큰 칼을 길게 휘두르면 적군들의 머리가 우수수 떨어졌을 것이다! 군사적 분야의 실세인 요압과 정치적 리더인 다윗 사이에 어떤 갈등이나 문제가 있지는 않았을까?

사울 왕이 죽은 후 다윗이 유다 지파의 왕으로 등극하고 사울 왕의 잔당들과 여전히 겨루고 있을 때의 일이다. 하루는 사울 왕의 남은 군인들과 전투할 때 사울 왕 편의 군대장관 아브넬을 잡으려고 쫓아가던 아사헬이 죽었다. 아사헬은 요압 장군의 동생이었다. 아사헬은 아브넬의 창에 찔려 무참하게 죽었다. 그런데 얼마 후에 그 적장 아브넬이 사울 왕의 뒤를 이은 이스보셋을 왕으로 추대했다가 감정적인 대립을 벌여 서로 틀어진 후 다윗 왕에게 투항해왔다. 그러자 요압이 기회를 보고 있다가 아브넬을 유인해 칼로 찔러 죽였다. 그렇게 비겁한 방법으로 자기 동생을 죽인 복수를 했던 것이다. 새로 정권을 잡은 다윗 왕조의 군사적 실세는 자신인데, 어깨를 겨룰 만한 사울의 군대장관이 투항해 오니 미리 제거한 정치적 암살이기도 했다.

그런데 이 일로 인해서 다윗은 크나큰 정치적 위기에 직면했다. 생각해보라. 나라를 막 세워 체제를 잡아나가려고 하는데, 투항해 온 구 정권의 군대장관이 살해되었다. 더구나 그 살해자는 다윗의 오른팔인 요압 장군이라면 백성들은 어떻게 생각하겠는가? "다윗 왕이 적장을 받아들이는 척 하다가 사주해서 그 장수를 죽였구나!" 구 정권과 제대로 화해를 이루지 못하는 옹졸한 사람이라는 평가가 나올 것은 뻔했다.

그래서 다윗은 그 오해를 벗기 위해 요압의 후손에게 각종 병자들이 수두룩하게 나오고 칼 맞아 죽는 자가 끊이지 않기를 원한다고 실컷 욕을 했다. 그리고 요압에게 상복을 입혀 아브넬의 장례식에 참석시켜 억지로 곡을 하게 했다(삼하 3:28-31). 또 다윗 왕 자신이 직접 장지까지 따라가고 울며 애도시를 지어 죽은 장수 아브넬을 추모했다. 그렇게 하고 나자 백성들의 오해가 풀렸다고 한다. 정치란 이렇게 묘한 것이다. 너무도 복잡해보이면서 한편 이렇게 단순하다. 그런데 그 과정에서 다윗과 요압의 마음속에는 각각 쓴 뿌리들이 생겨나 자라기 시작했다.

요압의 마음속은 어땠을까? '어디 두고 보자. 자기 조카를 죽인 놈 미워할 줄은 모르고 그저 정치적 이익만 챙기고. 잘한다. 잘해!' 다윗의 가슴속에도 응어리가 자리 잡고 들썩거리기 시작했다. '저 녀석을 조카라고 키워줬더니 이제 머리 꼭대기까지 기어오르네. 더 기어오르기 전에 꽉꽉 눌러놔야지. 어휴, 그건 그렇고 이번 위기를 잘 마무리했으니 이제야 한시름 놓겠네!'

두 사람의 마음속에 싹튼 이 갈등의 쓴 뿌리는 숨겨져 있어서 잘 보이지 않는 것 같지만 쑥쑥 잘도 자랐다. 앞에서야 허허거리지만 꼬부랑한 것이 마음속에 낚싯바늘의 미늘 같이 꽉 박혀 있어서 여간해서 빠지지 않았다. 그러다가 결정적인 인간관계의 단절을 가져오는 계기가 찾아온다. 요압이 군대를 이끌고 전쟁터에 나갔을 때 다윗은 예루살렘 궁궐에 머물러 낮잠을 자다

나와 거닐다가 한 여인이 목욕하는 장면을 보았다. 다윗은 그 여인을 불러와 간음했고 시간이 지난 후 여인은 임신 사실을 알려왔다. 그러자 다윗 왕은 전전긍긍하면서 여인의 남편인 우리아 장군을 전쟁터에서 불러올렸다. 그는 이스라엘 사람이 아니라 히타이트 종족으로 귀화한 사람이었다. 다윗은 자신의 불륜을 요압의 부하 장수인 우리아에게 덮어씌우려고 했다.

그러나 밧세바의 남편 우리아 장군은 충신이었다. 왕의 특명으로 휴가를 받았지만 자기 집에 들어가지도 않고 병사들과 함께 노숙을 했다. 술에 취하게 했지만 우리아는 정신을 잃지 않았다. 그러자 다윗은 독한 마음을 품고 우리아의 직속상관인 요압 장군에게 편지를 써서 들려 보냈다. 그것은 소설 속에서나 나오는 이른바 '죽음의 서신'이었다. 자기가 직접 가져가는 밀서에 자기의 죽음을 명령하는 내용이 담겨 있다니! 밀서에는 아마도 이런 내용이 적혀 있었을 것이다. "작전명 : PUSH AND RUN! 밀치고 달아나라! 추신 : 한 번 해서 안 죽으면 죽을 때까지 반복한다. 이상."

요압은 다윗의 밀명을 충실하게 이행했고 충신 우리아는 성벽에 근접해서 벌어진 치열한 전투에서 전사하고 말았다. 우리아의 아내였던 밧세바는 다윗의 여인이 되었고 뒷날 그녀는 왕비가 되었다. 그런데 우리아가 가져온 밀서를 펼쳐든 요압은 다윗 왕에 대해 어떤 생각을 했을까? 이렇게 소리치며 치를 떨지는 않았을까?

"그래, 다윗 왕? 얼씨구. 뭐 그 인간도 별것 아니구만! 경건을 가장하고 시를 거룩하게 읊더니 충신인 내 부하의 아내를 뺏고 그걸 감추려고 내 부하를 죽여! 내가 내 동생 죽인 녀석에게 복수 좀 했을 때는 온통 난리굿을 치더니만 덜 되먹기는 나보다 한 수 더 뜨는 게 그 다윗 왕일세! 하나님 잘 믿는다고 너스레를 떨더니만 그게 믿음이야! 뭐? 여호와는 나의 방패시요? 여호와는 나의 산성이시라고? 산성은 무슨 산성, 모래 산성이네!"

이 사건 후에 다윗과 요압은 갈 데까지 가는 관계가 되었다. 더 이상 외삼촌과 조카의 관계도 아니었고, 어려운 시절에 눈물로 지은 한솥밥 먹은 의리도 간곳없이 사라졌다. 그들은 이제 자신의 입지와 자리보전, 이리저리 주판알 튕기는 정치적 암투로 남은 세월을 보냈다. 왕자 압살롬의 반란이 일어났을 때 다윗이 출전하는 장병들에게 당부하면서 압살롬을 죽이지 말라고 했던 일이 있다. 그러나 요압은 압살롬을 무참하게 찔러 죽였다. 요압이 압살롬을 찌르면서 누구를 찌르고 싶었겠는가? 한때는 요압이 다윗의 눈 밖에 나서 군대장관 지위에서 경질되었다가 새 군대장관 아마사를 전쟁터에서 죽인 후 전공을 세우고 돌아오기도 했다. 어쩔 수 없이 다윗은 요압을 군대장관으로 재임명하는 일도 있었다.

그러다가 다윗 왕은 임종 시에 솔로몬에게 긴밀한 유언을 했다. 요압의 백발이 평안히 무덤에 들어가지 않도록 잘 조치하라는 내용이었다(왕상 2:5-6). 자신이 요압에게 보여주었던 더 추한 위선과 범죄는 생각도 하지 않고 자신이 피해 입은 것만 기억하는 것이었던가!

이런 틀어진 관계 때문인지 다윗이 죽은 후 요압은 다윗이 낙점한 솔로몬을 왕으로 인정하지 않았다. 국가의 원로였던 요압은 차기 왕으로 아도니야 왕자의 손을 들어주었다. 왜 그랬겠는가? 지금까지 다윗과 껄끄러운 관계가 있긴 했지만 다윗이 살아 있을 때 한 번도 다윗과 반대편에 서 본 적은 없었다. 그런데 백발이 성성하여 이미 무덤 자리를 예약해 놓은 늘그막에 어떤 영화를 얻으려고 요압이 다윗을 결정적으로 배반했을까?

이유가 있다. 솔로몬은 과거 다윗과 불륜의 관계를 가졌던 밧세바의 아들이었던 것이다. 요압이 바로 그 사건으로 인해 다윗과 결정적으로 멀어졌다. 물론 그때의 불륜으로 태어난 아이는 죽었고, 그 이후에 솔로몬이 태어났지만 밧세바의 아들이 왕위를 계승하는 것을 요압은 수긍할 수 없었던 것으로 보인다. 그래서 그는 아도니야가 왕위를 이어야 한다고 보았다. 결국 요압은 제단 뿔을 붙잡고 비참한 최후를 마치면서도 자신의 고집을 꺾지 않고 끝내 솔로몬을 왕으로 인정하지 않았다(왕상 2:28-34).

평생 동지였던 다윗과 요압의 불행한 말년, 결국 죽으면서도 풀지 못한 응어리, 그 원인이 무엇이었는가? 바로 신앙적인 위선이었다. 다윗이 윗사람으로서 아랫사람에게 보여준 위선이 결국 둘의 관계를 그렇게 회복되지 못할 정도로 어렵게 만들었다. 우리도 일터에서 윗사람으로서 아랫사람이나 주변 사람들에게 이런 이중적인 모습을 보이지 말아야 한다. 아랫사람의 잘못은 잘 지적하고 문제 삼지만 정작 자신의 모습을 돌아보지 못한다면 문제가 아닐 수 없다. 심각한 이중성을 보여주는 모습이 없는지 자신을 돌아봐야 한다.

문제는 그것을 본인이 깨닫기 힘들다는 것이다. 다윗은 밧세바와 간음하고 그녀의 남편을 죽이고도 그 행동이 죄인 줄을 잘 몰랐다. 나단 선지자의 지적을 받고 깨달은 후 하나님에게 회개했고 용서를 받았다. 하지만 요압과의 인간관계는 끝내 회복하지 못했다. 죽을 때까지도 해결 못하고 결국 무덤 속으로 그 갈등 관계를 가지고 들어가고 말았다. 이렇게 우리 신앙의 허점은 커다란 구멍이 뻥 뚫려 있어도 내가 그걸 모르고 지나칠 수 있다. 그래서 큰일이 아닐 수 없다. 조심해야 한다.

혹시 일터에서 상사나 아랫사람, 비즈니스로 거래하는 사람들, 가족과 친지들 같은 가까운 사람들과 틀어진 인간관계가 있는가? 그 원인이 어디에 있는지 살펴봐야 한다. 그 원인이 나 자신의 인격적인 결함이나 윤리적인 위선 때문일 수도 있다. 나는 비록 깨닫지 못해도 상대방에게 심각한 상처와 아픔을 주고 나의 이중성을 보여준 일 때문일 수도 있다. 주변 사람들과의 관계를 생각할 때 특히 자신을 돌아보면서 고칠 것은 고치고 **뼈**를 깎는 회개를 할 수 있어야 참된 인간관계를 회복할 수 있다.

■ 나의 신앙 고백 1

이 책을 읽고, 당신은 다윗의 9가지 리더십 중에서
당신에게 무엇이 가장 부족하다고 생각하는지,
그리고 그 이유는 무엇인지, 나의 신앙고백을 적어보세요.

....

....

....

....

....

....

....

■ 나의 신앙 고백 2

이 책을 읽고, 당신은 다윗의 9가지 리더십 중에서
당신에게 무엇이 가장 부족하다고 생각하는지,
그리고 그 이유는 무엇인지, 나의 신앙고백을 적어보세요.

....

....

....

....

....

....

....

....